從詩想走過來：
論羅門蓉子

張肇祺教授著

文史哲出版社印行

國家圖書館出版品預行編目資料

從詩想走過來 : 論羅門蓉子 / 張肇祺著 ; -- 初
版. --. 臺北市 : 文史哲, 民 86
面 ; 公分
ISBN 957-549-097-5 (平裝)

1. 羅門 - 作品集 - 評論　2. 蓉子 - 作品集
- 評論

851.486　　　　　　　　　　　86011148

從詩想走過來:論羅門蓉子

著　　　者：張　　肇　　祺
出 版 者：文　史　哲　出　版　社
登記證字號：行政院新聞局版臺業字五二三七號
發 行 人：彭　　正　　雄
發 行 所：文　史　哲　出　版　社
印 刷 者：文　史　哲　出　版　社
臺北市羅斯福路一段七十二巷四號
郵政劃撥帳號：一六一八○一七五
電話 886-2-23511028・傳眞 886-2-23965656

實價新臺幣・二○○元

中 華 民 國 八 十 六 年 十 月 初 版

從詩─「想」：走過來─論羅門蓉子

目　　次

海峽兩岸舉行──

羅門
蓉子　系列著作研討會

　　本報訊：去年正值羅門、蓉子結婚40周年紀念之際，為配合這一喜日，臺灣文史哲出版社耗資百萬臺幣出版羅門、蓉子的十二本書，嗣後又由北京社會科學出版社出版羅門、蓉子八本系列書，共出了二十本書。在臺北曾於五月十四日舉辦羅門作品研討會與十二本書的發表會，由林水福、余光中、朱炎、張健、王潤華、林綠、黃德偉、林耀德、李瑞騰、羅青、曾永義、尹玲、向明、管管、應平書、張啓疆等海內外知名學者與作家分別擔任主持人、論文發表人、講評人與引言人。當天與會的著名詩人有張錯、洛夫、瘂弦、張默、辛郁、杜十三、羅英和名現代雕塑家何恆雄、名現代書家張永村、洛貞以及名音樂家李泰祥等藝文人士近百人。

　　北京也於去年十二月六日為出版的八本系列書，在北京大學舉行羅門、蓉子新書發表研討會。由北京大學中國語言研究所、清華大學中文系、海南大學、中國藝術研究院中國文化研究所、中國社會科學出版社、《詩探索》編輯部與海南日報社共同籌辦。會議由北京大學中國語言研究所所長謝冕教授主持，到會有著名詩人學者與批評家邵燕祥、劉湛秋、張同吾、丁國成、朱先樹、鄭敏、任洪淵、楊匡漢、古繼堂、謝冕等六十多人，並宣讀羅門、蓉子作品有關論文。會後兩人並應邀在北大中文系演講、座談，又和《詩探索》同仁相互對談詩

與藝術。……

——暨南大學・華夏詩報
一九九六年一月二十五日出版

　　大陸中國社會科學出版社總編輯王俊文教授說：「羅門、蓉子這兩位中國詩人，被世界詩人大會授予『傑出文學伉儷』，以尊敬他們這對詩人夫婦四十多年的創作生涯所建造的藝術殿堂，以及他們高尚的品德和情操——詩品、文品和人品、道德文章。羅門被譽爲詩壇重鎭，詩藝精湛，是具有靈魂的詩人，又更是現代社會都市詩和戰爭詩最有代表性的詩人，爲現代詩的守護神。蓉子是中國詩壇『永遠的青鳥』——『開得最久的菊花』的女詩人；她的詩品、人品都充滿著眞、善、美和宗教家的虔誠；而更在思想風格上，具有意境悠遠、含蓄、秀婉、寧靜、雋永的格調。」——這是：「羅門——蓉子」：「詩」的生命。

　　北京大學中國語言研究所所長謝冕教授在開幕辭中說：「蓉子女士和羅門先生的創作成就，享譽海內外，他們的貢獻與榮譽，使我們深爲敬佩並感到驕傲。今天在北京大學舉辦這樣的會議，也使我們感到榮幸。」——這是：「羅門——蓉子」：「詩」的表徵。

　　大陸特出詩人劉湛秋先生說：「羅門、蓉子的生活，就是一首詩。」——這是：「羅門——蓉子」：「詩」的生活。

　　南開大學崔寶衡教授說：「羅門、蓉子兩位詩人，品格極高，生活清貧；但他們生活在詩的世界裡，他們自己製作裝修的燈屋，成爲臺灣詩歌的藝術之窗。」——這是：「羅門——蓉子」：「詩」的藝術之窗。

　　大陸中國社會科學院文學研究所所長張炯教授說：「中國是一個詩國——五四以後的新詩運動，儘管有不少的爭論，但新詩的迅速發展，贏得了自己在詩壇的主導地位；而今日中國新詩的成績，羅門、

蓉子作出了不可磨滅的貢獻，他們是藍星詩社詩歌伉儷，我為他們的詩歌成就，感到驕傲。」——這是：「羅門——蓉子」：「詩」的貢獻。

大陸詩人北京作家協會代表邵燕祥先生說：「羅門是瀟灑的苦吟者，精神上更接近老莊、王維、李白、蘇軾、柳宗元，較多超塵拔俗的一面。羅門對待詩藝則匠心獨運，用文字進行雕塑，意匠慘澹經營，一絲不苟，而不帶匠氣——深、玄、奇、冷：不肯停留在感性的表層——擁抱、搏擊並楔入客體，同時向生命和精神深層掘進與鑽深，必欲逼近事態人性的本質，以致其深玄已達到羅門在詩的世界中，特有的『美麗的形而上』。他立足於現代，一手伸向古代、一手伸向西方，完成他對外在世界和內心世界觀察、體認、感受、轉化、昇華的創造歷程。這是我用詩人的心，對羅門進行猜想。」——這是：「羅門——蓉子」：「詩」的創造歷程——匠心獨運。

北京大學王岳川教授說：「羅門詩論注重現代與後現代，闡釋現代理性的三個層次，以及當今人文環境需要人類理想光輝的照耀。特別提出了一個重要的課題，即世紀末的詩人如何反省二十世紀的行為。羅門的批判性，也在這裡。」——這是：「羅門——蓉子」：「詩」的理想光輝。

北京師範大學任洪淵教授說：「羅門是具有創造力的詩人。羅門的詩所進入的是：『個人的深度與宇宙的深度』。他從來就沒有把自己的『深度』，定在一個終點上。」——這就是「羅門——蓉子」：「詩」的「前進中的永恒」。（The eternities in advance）

老詩人鄭敏教授說：「詩人為何把感情轉化為意象，是詩人的特殊能力。後現代是對本體的挑戰。真正的後現代，要從教條主義中突破開來。」——這是：「羅門——蓉子」：「詩」的教條主義的突破。

北京大學博士生陳旭光說：「羅門的詩——是以其：全方位的現

代意象取譬，新鮮感與抽象物的巧妙融合，旁及其他現代藝術門類的超現實手法，為我們打開了一個至新的現代詩──：美的世界。羅門恪守人文理想，但卻『直面』逼視現實，全身心地擁抱現代，甚至大膽地化醜為美，不惜將現代都市的陰影與罪惡都予以『陌生化』的批判性再現。」──這是：「羅門──蓉子」：「詩」的人文理想。

暨南大學潘亞暾教授說：「羅門、蓉子的姻緣本身，就是一首最美的生活的現代詩。」──這是：「羅門──蓉子」：「詩」的本身。

大陸中國社會科學院研究員古繼堂先生說：「羅門、蓉子的藝術世界──羅門把科學、詩歌創作與詩歌理念結合在一起；不進羅門、蓉子的燈屋，就不能理解羅門、蓉子的詩。」──這是：「羅門──蓉子」：「詩」的藝術殿堂。

大陸文化藝術研究院文化研究所于丹女士代表所長劉夢溪、陳祖芬夫婦對羅門、蓉子表達敬意說：「讀羅門、蓉子的詩，刻骨銘心的『藝術體念』──感到一種『拯救的力量』，在『詩』中，是從『古典血脈』中流傳出來的，與『現代』通融，『文而化』的『人格力量』，不僅之作為『詩歌』，同時作為『人文理性』的那種富於啟迪的『意義』。」──這是：「羅門──蓉子」：「詩」的人文理性──從古典到現代。

北京大學博士生林祁說：「蓉子寫樹的意象，共三十一首，大批的綠迎面而來。如此大量地使用一個意象──樹的意象，無疑是一種冒險，詩人的想像和語言，也容易彈盡糧絕。然而蓉子寫樹的意象，卻在三十一首詩中，表現出層出不窮的意象：女詩人獨立的人格與風格──是一棵獨立的樹──不是藤蘿」。──這是：「羅門──蓉子」：「詩」的大批的綠迎面而來。

北京大學訪問學者李漢榮先生說：「讀蓉子的詩──猶如在沙漠上看到一片蔥籠的水草，喚回了我們對水的記憶。我們心中退潮的詩

情，又開始回潮、並漲潮。」——這是：「羅門——蓉子」：「詩」是一片蔥籠的水草。

　　北京大學博士生高秀琴說：「在羅門詩歌反諷框架下的生存意識，是表現在每一種反諷的基本特徵中的事實與表象之間的形成對照。羅門習慣用這種反諷，破壞常態的事實，扭曲慣常的表象，以形成事實與表現之間的反諷性的能力，用最大限度凸現他的命題。」——這是：「羅門—「眞積力久W％海南大學文學院院長周偉民教授在這個：「羅門、蓉子文學創作座談會暨羅門、蓉子文學創作系列推介禮」的大會上，有一個「綆短汲深」的總結發言：

　　或曰：大半輩子撲在舊書堆中的書生，爲甚麼要研究羅門、蓉子的當代詩歌呢？爲甚麼這幾年不遺餘力地做幾件事：在海南大學建立羅門、蓉子文學創作專櫃；寫「日月的雙軌」評論羅門、蓉子的文學世界；一九九三年在海南大學召開羅門、蓉子創作世界研討會；今天又策劃出版這一套八冊「羅門、蓉子文學創作系列」，聯合國內幾個聲譽極高的單位，開研討會及推介禮呢？這從古典到當代的跨越，原因何在？是的，我們這幾十年的教書生涯，所接觸的是古代文學作品和理論批評。我們並非有意從研究古代文學向研究當代文學跨越，我們至今仍汲汲於自己的研究領域。

　　這次會議，以多維的視角——「觀照」：羅門、蓉子的文學世界，進一步總結他們詩中意象、精神，和語言方面的藝術經驗，充分肯定這對詩人夫婦幾十年來，勇敢面對拜金主義、市儈氣等污泥濁水的潮流，一直堅持正確的人生價值取向，文學淨化人心，美化人生的嚴肅文學方向，探討了羅門、蓉子在當代世界詩壇中的藝術地位，確認他們在現代詩中的座標。

　　羅門是海南島的兒子。一九八八年十月回到了故鄉，來到了海

南大學。說來慚愧，這時候，我才第一次讀他的詩；讀了一輩子古典詩歌的人，驀然感受到一種不可名狀的磅礡激昂的澎湃力量。這是因為：㈠羅門詩中思想的深廣度；㈡現代創作精神；㈢原創力；㈣美學經驗、藝術表現和詩的質量所帶來的強大力度。蓉子呢？她是帶羅門進入詩國的保護神；她的作品，另外有一種讓人心折的力量：㈠以端莊、寧靜的氣質寫詩，詩的境界自然脫俗而又高雅；㈡遊記中充滿純真誠摯的感情和詩情畫意；㈢用自己對詩的卓識和創見，去點燃下一代對詩和美的熊熊火焰；㈣清麗雋永、富含哲思的散文。

他們寫出了十四部和十五部傑出作品，奪取了世界傑出文學伉儷的榮譽！盛名之下，仍然不驕不躁，努力在詩歌王國裏艱苦探索、攜手跋涉。這樣一對可歌可敬的老詩人，一對把畢生的精力獻給詩的藝術的藝術家，一對不為世俗觀念所染的永保藝術童心、追求藝術的最高境界的詩人，對他們來說，生命是詩，詩是他們的生命。面對這二位令人尊敬的藝術創造者，能不引起我們為他們鼓與呼嗎？

詩人，必須在他們的詩歌中表達高尚的理想和對真理的追求，為崇高的人性與純淨的藝術，以他們靈思盎然的作品，貢獻給人類的事業。羅門與蓉子數十年的藝術實踐正是這樣做的。

詩人，必須在他們的詩歌中，通過對人類心靈的深刻的洞察，深情地展示複雜的人生。羅門與蓉子，正是不斷地呈現人的心靈奧秘的真境，叩醒人的自身內在的完美。

詩人，必須在他們的創作中表現出充沛的活力和藝術熱忱，深刻而獨特地在現實生活中汲取主題。羅門與蓉子的詩歌，正是以感覺的力量和智慧的透視，以他們藝術的敏感性，詮釋了人的價值。

詩人，必須以他們的充滿激情的詩歌藝術，以他們廣闊的文化視野和富有詩情畫意的想像力，創作出具有民族特質的又具個人獨創性的詩歌。羅門、蓉子的詩，各自以獨特的風格，對當代詩歌的發展發揮了先鋒作用。

羅門、蓉子賢伉儷，是深受中華傳統文化薰陶的優秀詩人，他們在詩歌藝術創作中的成功，已在多屆世界詩人大會中獲得回響與肯定。一首「麥堅利堡」灼燙人類的心靈，開闢出「爲中國文化確立信仰之基的土壤」，使他成爲詩壇上戰爭主題的巨擘。蓉子的「一朵青蓮」的漫聲歌唱，以人格化的青蓮的深邃超然的氣質，表現了中華文化特性中的高尚的靈性和情操。羅門與蓉子，在世界詩壇上獲得「中國白朗寧夫婦」的美稱。

今天，我們假座著名的北京大學學府的講壇，來探討二位詩人詩歌中所表現的光彩世界，共同探索當代中國詩歌藝術創作的精神，是一次難得的盛會。他們兩位是中國的詩人，也是世界的詩人，是走向真實人生的詩人。讓我們在這難得的一天裏，在羅門、蓉子詩歌中所展現的這一片奇異的天空中，領略藝術所賜予人類的精神力量。

——這是：「羅門——蓉子」：「詩」的整體生命世界。

海南大學中文系蘇東坡專家唐玲玲教授把這個海峽兩岸高層次的文學對話，在北京大學隆重舉行的「風鳴兩岸葉」的——詳情細節與景象作了一個頗爲生動而又不凡的報告。在這篇報導文學的最後，唐教授還說到羅門在這個會議的另一個演講會台上說：「我是以詩——這一符號：去追蹤茫茫人生的價值。詩人——是人類文化最高價值的追求者。詩——不只是自然的外在美，大藝術家的痛苦也是美，悲劇也是美，空虛寂寞也是美。沒有詩，整個世界都進入啞盲。詩，不但是文學家、藝術家的眼睛，同時也是哲學家、政治家、科學家的眼睛，甚

至被看爲是宗教家的眼睛，最後我們可以更肯定地講──詩：是時空的眼睛。蓉子的詩像湖泊一樣寧靜。我的詩──像大海。」

　　一位聽演講的學生劉春波寫了一個條子給羅門：「你說詩是一切價值中最高的價值，一切道德中最高的道德。我覺得：您是一位把詩看得高過於一切的詩人，正是我心目中的眞正詩人的形象，您講得好極了！」──這是：「羅門──蓉子」：「詩」的眞正的形象。

　　上面乃我根據唐玲玲教授這個頗爲生動而又不凡的「報導」──報告「羅門──蓉子」：「詩」的研討會盛況與景象，加以「剪裁」處理而成。

　　然而，這兩位夫婦教授──周偉民、唐玲玲伉儷全力主編羅門、蓉子文學世界學術研討會論文集外，更以他們深厚的文學功力與文化學的高度修養合著「日月的雙軌──羅門、蓉子創作世界評介」確是「舉類邇而見義遠，雖與日月爭光可也」（史記屈原賈生列傳）的中國當代詩的世界中不可不讀之作──「羅門」爲什麼是「現代詩的守護神」？「蓉子」爲什麼是「永遠飛翔的青鳥」？還有：海內外詩人、詩論家眼中的羅門以及學者、評論家、詩人、作家對羅門理論創作世界的評語──詩人、詩論家眼中的蓉子，都在「日月的雙軌」與「門羅天下」中。這兩本書，都是由文史哲出版社彭正雄發行人「出版這樣的純學術論著，不能獲得經濟效益是肯定的。」（「日月的雙軌」，後記，471頁）而且，這位彭正雄發行人還對周偉民教授說：「即使不賺錢，也覺得有意義。」這位「高標特出」的文化學術事業出版者，一口氣就爲羅門、蓉子出版十二本書，這才眞是雪山上的十二座「噴泉」！

海內外「詩─文學─藝術─
哲學─科學」中的人物看

羅門　　　　　─的：詩
蓉子

　　已故中國青年寫作協會祕書長林燿德先生在「火焚乾坤獵」中談「羅門的時空奏鳴曲」──寫到：「只能跳兩跳的三級跳」，「望了三十年」，「穿過上帝瞳孔的一條線，而說到羅門詩的「手法之奇」而與元好問的「春風碧水雙鷗靜、落日青山萬馬來」的「超現實」意象之美，是異曲同工。更說到羅門詩的「完整地掌握住這種夾雜悲憫與無助的心靈大鴻濛」。尤其說到羅門的詩是「在詩人四次元的心靈空間中擊出聲聲迴響、陣陣痛，張力之強實可獨立為一首絕句，意象之詭奇則幾可直追稼軒，把握住魔幻寫實主義的精魄。」林燿德先生在「世界的心靈彰顯」中，對「羅門的時空與死亡主題初探」──「羅門之所以成為一個『重量級』詩人，是羅門的時空與死亡意象，乃是透過純粹形式的直覺，來進行精神的形象創造，綜合經驗與超越的意識，投射到語言層面，而運用語言的排比、組織展示詩思，由三度空間的現實世界，通達語言塑造的 N 度空間的實現過程。在羅門的觀念中，一直在追求一種完美的心靈世界造形。這造形，包含了象徵東方精神的『圓』，和象徵西方精神的『塔』，共同組成一個螺旋塔結構；就拓普學的圖象顯示，此模式為一由螺線盤旋而成的圓型，自三

度空間觀覺觀察，又爲一向上衍生的角椎體。羅門心靈世界造形代表他理想中的精神構造：東方的圓融渾成與西方的尖端抗爭滙爲一體。『圓』與『塔』的意象，在另一方面，又在羅門作品中產生多重複合的象徵系統──『第九日的底流』以及『死亡之塔』中的『圓』與『塔』。羅門的『圓』與『塔』雖截取自人類文明開展的過程，但他確然在三百六十度的層疊空間裏醞釀時空與生命之奧祕。」──林燿德先生的這個「初探」，實在是深之又高。羅門詩的生命這個造形：「圓」與「塔」的意象美──思想的文化結構之探究，我感到可在方東美先生的「哲學三慧」、「科學哲學與人生」、「生命情調與美感」、「生命悲劇的二重奏」中，找到羅門詩思的更高之又高、深之又深的詩的生命的血緣關係。「最後」：林燿德先生卻在一九九五年五月十四日的「羅門作品研討會」中，提出了他在「山河天眼裡，世界法身中」──「羅門詩作中的『自然』……」裡，指出羅門「一直在『前進中的永恒』超越時空，超越流派的大境界中與王維的『山河天眼裡，世界法身中』相會相通。」林燿德先生還寫了一本「羅門論」獻給羅門與蓉子──由師大書苑公司印行。想不到──天之喪斯文也，竟何其如此之：「忍」耶！

　　世界論壇報副刊主編──詩人兼詩評家周伯乃先生在「試論羅門的精神面貌及其創作動向」中說：「羅門詩中所展示的美，是一種壯美。羅門是壯美型的詩人，他的詩，有一種潑墨的氣勢與豪邁，尤其是自『第九日的底流』以後，到『死亡之塔』都強烈地顯示出其壯美的獨特風格。從羅門的整個思想體系來看，他是一個主知的詩人，對一切事物都較爲尖銳去觸及，且特別著重於人類內在精神世界之挖掘。我說他是站在生命的高崗上吶喊生命的詩人。他的詩，不是盆景、不是塑膠花、不是豪華客廳裏的裝飾品。他的每一句詩，都是在強烈地鎚擊著人類的生命。」──這：老友論「羅門」的詩，一針見血。

　　臺灣大學外文系教授蔡源煌博士「從顯型到原始基型」——論羅門的詩謂：「詩人之爲藝術家、爲美的締造者，關鍵在於他能夠從這個有限世界（顯型）中，去找到無限、永恒、絕對之象徵。原始基型與詩人的文學想像是密切不可分的。上述三個意象，廣義地說也是文學想像的原始基型。『海、山、河』組曲所運用的原始生命力之象徵，是道地的原始基型。本文所稱從顯型到原始基型的過程，是指詩人心靈潛存的一種超越嘗試。羅門詩中之次要意象，艱深晦澀者諸多，因而多少影響讀的『了解』。」這篇大作，確爲難得獨見之作。然就T.S. Eliot的"The Waste Land"而言，"Yet few reader found themselves capable of giving a clear account of meaning of the poem." 然亦有其讀之之道。艾略特自己就說：「詩人們更加趨向包容和暗示，不得不採用間接的表現方法、適應語言，完成一切難題，必要時候還得把語言予以彎曲，來一番脫臼的工作。」而羅門詩之「艱深晦澀」者，自亦有其讀之之道。它既是一個孤獨的靈魂之聲，而又是一個非常複雜的重疊層次的象徵構造，其意義是很難瞭解的。所以只「從顯型到原始基型的過程」來讀羅門的詩，當然會有「羅門詩中之次要意象，艱深晦澀者諸多」的不「順暢」之感。杜工部的有些詩，也有些人深感其「艱深晦澀」者不少。至於像玉溪生的詩「錦瑟：山谷讀之，殊不曉其意，後以問東坡，東坡曰：此出古今樂志。」（緗素雜記）朱長孺雖斥爲僞訛，然亦不無所見。義山之此詩，尚且如此，其他的詩，也就難怪有「獺祭魚」之嘆。此「獨恨無人作鄭箋」之所寓意於「適怨清和」妙解者。而王元美乃謂此解，「甚通。然不解，則涉無謂；既解，則意味都盡。以此，知詩之難言也。」（藝苑巵言）這就更難怪鍾記室對阮步兵的詩也有「厥旨淵放，歸趣難求」的直語。讀「詩」——要讀出來：在讀之之者，尤有在讀之之後之外之上者。因爲——「觀古今勝語，多非補假，皆由直尋。」（仲偉、詩品序）者是也。

所以，只「從顯型到原始基型的過程」來探測羅門詩的整體生命世界：詩的──「形上、本體、宇宙、現象、知識、歷程、價值」的存有生命世界，也只是一個嘗試，而非詩的超越觀照──形上的超越之美。因為在「原始基型」的後面、外面、上面還有東西。這些東西都隱藏了起來，要等待讀之者的「感通」、「發現」、「透入」──所謂「眾裡尋他千百度，驀然回首，那人卻在燈火闌珊處」。這樣，才能在「從顯型到原始基型的過程」中，找出詩──的「隱型」──象徵與象徵的超越意義與其所指及興寄之「遙」。此即在「見詩之廣，參詩之熟，自有不能隱者。不然，終不悟也。夫詩有別裁，非關書也；詩有別趣，非關理也。然非多讀書，多窮理，則不能極其至。所謂不涉理路，不落言詮者，上也。」（嚴羽，滄浪詩辨）黃叔琳為姚培謙的「李義山詩集箋註」作序時，也寫了幾句話：「蓋詩者，志之所之也。志深者，言深。乍而求之，得其淺矣，或未得其深，故曰以意逆志是為得之。讀詩，而得其志，其難也。古今難事，無過說詩。自三百篇、離騷，以至漢魏六朝三唐之詩，其中有不易解者，累累而是，世人率以粗心讀之。李義山之詩，抑何寓意深而託興遠也，往往一篇之中，猝求其指歸所在，而不得──『奧隱幽艷』，於詩家別開　洞天，必加梳櫛，脈理分明，精神開發──讀之：覺作者之用心湧現楮上，又未嘗以師心臆說，妄實其間，見所未見。」王夫之也在「唐詩評選」中說「義山詩：寓──意，俱遠，以麗句影出，實自楚辭來。宋初諸人，得其衣被，不了解其意謂。愴時託賦，哀寄不言；既富詩情，亦有英雄之淚。姿度雅入樂府，有飛雪迴風之度，賴此以傳本色。斯有麗辭，不徒錦字，一結初唐以來之造旨。所謂溫李並稱，自今古皮相語，飛卿傅粉耳，義山風骨，千不得一。」所以，詩人──意象之所在，既要「從顯型到原始基型的過程」中來「讀」，也要從「顯型到原始基型」的──「本身」來「讀」，更當從「隱型」中，多重的詩之「脈

理」以求之，「直尋」之，「廣見」之，「熟參」之，「悟」之，「妙」之。始曰「詩，實達詁。」（陶澍）蓋「不涉理路，不落言詮者，上也。」如此，乃能讀之之，皆在讀之之讀者也。詩——之「意象」的美，既是詩人的心力，又是詩人的智力；此二者結合在詩人情感的不斷上升，而又在詩的語言形象追求中，從詩人的知識生命直觀世界，呈現出詩人的生命思想觀照世界，透過：回想、聯想、再造、代替，解釋、推理、投射、透入、觀照、創造等各種的想像之機體融貫作用——才在：詩的「符號」——：象徵中，指出「詩」之美的——「意象」，這個「象徵」的——美，既是超智力的方以智，又是超心力的圓而神，從觀照與直覺中上入神祕世界。所以，詩——是與：意象、隱喻、象徵、神話分不開的。在這個詩的「神祕」：「意象、隱喻、象徵、神話」的世界中，就如莎士比亞在「仲夏夜之夢」（A Midsummer Night's Dream）中說的——：

> 的確奇怪得比眞的還奇怪，但我永不會相信
> 這些古怪的傳說，和這些神仙的遊戲。
> 戀人與瘋子所有的就是激動的頭腦，
> 和幻覺化成的不同的形狀，所理解到的
> 遠比清明的理性所能體會。
> 瘋子、戀人與詩人
> 整個地都爲想像所聯結而成爲一體。
> 那個遠比在無比大的地獄中所看到更多魔鬼的人，
> 就是那個瘋子。戀人，完全就是那樣著魔地，
> 在吉普賽的眉毛上
> 看到了海倫的美。
> 詩人的眼，在那種綺麗發狂的尖銳轉動中，
> 從天上看到地下，從地下看到天上

　　而想像也就在這時

　　從各種實體對象中賦予

　　一切事物以未知的形成，詩人的筆

　　才把他們──「想像」，轉化成形，也才給「無何有之鄉，廣漠之野」

　　一個定所和一個指名。

　　我「這個」翻譯與朱生豪先生的翻譯，可與原文對比讀之。蕭翻譯一個美的作品時，其難有在信、達、雅之外，必當爲「傳神」而盡力以赴者。這在我的「美學與藝術哲學論集」──「藝術所指的究竟是什麼」一文中。這個「相」──「詩」的：意象之美的「神祕」世界，用「詩」來讀：莎士比亞的這個「詩」，也才能讀到「詩」──的：「神祕世界」，更是「幻想」的在意識中，潛意識中、下意識中：「理性」的非理性、反理性、超理性的──「狂」：美之透靈點。所以，Charles Lamb 要說：「想像力吸引一切的事物爲『一』，意識著一個不可毀滅的區域。但當靈魂一旦感覺到，而且承認了想像之華美，則任何其他的心智能力，皆無法使靈魂鬆懈，受傷或消沉。」我的意思是：讀一首「靈魂」的詩，要在「靈魂」中才能「讀」出來。是什麼呢？這就是讀者的讀之道，在讀之之者，尤有在讀之之間，之外，之後，之上者所在者也。一首詩，或一個人的詩──的「了解」，不能只從一個方面，要從很多方面去了解，甚或一個全面的了解也只是一種了解的方式；就是形而上的意義之探索也有無盡的層次。這，「了解」詩太難，而「解」詩尤難。所以，「不解，則涉無謂；既解，則意味都盡。」這也就是劉舍人爲什麼要說：「詩，有恒裁；思，無定位；隨性適分，鮮能通圓。若妙識所難，其易也將至；忽之爲易，其難也方來」的道理：「明詩」之謂也（文心雕龍）。所以，劉彥和還要贊曰：「神理共契」之妙萬物而爲言的「莫非自然」之指義與歸趣。這

也就是蔡源煌教授之所以在「門羅天下——名家論羅門」的代序中說：「對羅門來說，詩是他的信仰，他的宗教。經由詩的追求，羅門爲自己建立了一座詩的天國，藉以和上帝的天堂媲美爭勝；透過詩的冥想，他爲自己找到了通往涅槃之路。羅門的詩，不僅彰顯了他的藝術理念，同時也是他靈修的心路歷程記錄。多年來，羅門不遺餘力地鼓吹『第三自然』理論。這是經由想像力在內心中轉化完成的『永恒的生命結構與形態』……」——這些話，就足以見到蔡博士的淵博的學力與深厚的功力，我確爲之讚賞不已者。同時這也使我想到Martin Heidegger那本：Poetry, Language, Thought 小書中的一首詩，和其中的那六篇文章，而就與蔡源煌教授所說「羅門的藝術執著爲的是要楬櫫精神上的超越，而不是遁世者的玄談。生活上，他實行他的超越論——經由創造、試著去碰觸永恒。羅門不是先知，也不以先知自居。」然而我以爲這與這個典型的羅門論連在一起，卻同其爲「一朵渾成的永恒」。因是，我個人卻要把羅門放在「詩人——先知者」這個座標中：來看。而且「詩人」一辭，就中西語意——義的「以意逆志」的「詩心」來看：詩人就是「先知自覺」者。因爲——詩人，就是要作爲一個先知者，才夠得上稱之爲是一個「詩人」。凡是一個眞正的詩人：他的詩，要放在「先知」——先覺的「詩」的視野中來看，才能「了解」他的詩，究竟在說什麼。西方第一流的大思想家是如此的「看」：詩與詩人。中國人的「詩者，天地之心」的：心——就是宇宙靈魂的靈魂，其詩的「先知」——先覺，乃是靈魂在人間的照射：「其視下也，亦若是則已矣！」（莊子・逍遙遊）劍橋大學Cornford教授在他的Principum Sapientiae中講希臘哲學，不僅從Attic age講起，他把希臘的智慧種子依據文化、神話、詩歌，再向前追溯，他發覺到另外一種人，叫做 the combination of prophet-poet-sage三種人合成的一種複合的人——先知自覺。大致說起來是宗教家、詩人、聖哲三個合起來形成

一種三人合一的理想人格。柏拉圖在Phaedrus篇中曾經舉出四種天才：1.藝術家 2.詩人 3.Man of mantic art 4.第一流天才哲學家。所以，柏拉圖當年要把那些從他「理想國」趕出來的詩人，不是真正的詩人。凡夠得上稱為「詩人──先知」的，他都趕不出來。因為他自己就是一個「詩人──先知」者，才能透過赫拉克利圖斯的變動說，埃利亞學派的絕對說，畢達哥拉斯學派的數型說建立了柏拉圖的「哲學世界」──理型、理相、理想、理念的觀念世界──那個「美」 "Plato, the prophet of beauty, to penetrate the significance of the phenomena have already been set forth"（Bernard Bosanquet, A History of Aesthetic, P.10, P.55.）。我在西方「美」──的血緣學：柏拉圖的「理想美學」（美學與藝術哲學論集：155－239頁）一文中曾說到：「柏拉圖所反對的詩人，乃是指的是那些只模仿的詩人，墮落的詩人：而非善於創造、很能創造的詩人」。所以，他並不排斥真正的詩人。他反對的、排斥的乃是那些沒有靈性的詩人，沒有創造的詩人，靈魂墮落了的下流詩人。因為他自己就是第一流的詩人。他的著作──對話集：是不是最偉大詩人的最高的至美之「詩」呢？他的哲學乃是在至美的「詩」的表徵之中，不透過這一層的「靈視」，是不能了解柏拉圖哲學的至高意義。所以，他說："For a poet is a light and winged thing and holy, and never able to compose until he has become inspired, and is beside himself, and reason is no longer in him."（Plato Ion 524b.）因此，柏拉圖的「觀念論」──「理想」哲學是西方「自然原理學」的開始──自然的抽象思考、而融合希臘前期各個哲學為一個型式。亞里士多德是西方「自然結構學」的開始──自然的實象思考、開始奠定自然科學的基礎。從此，才有以後從培根到米爾的「自然運作學」的開始──自然的規律思考，建立科學「實驗學」的基本方法。所以愛默生說柏拉圖就是哲學，哲學就是柏拉圖，當代一

位大哲學家懷黑德說西方哲學都是柏拉圖的註足。這就是因為柏拉圖
他自己就是站在了「詩人──先知者」的座標中。因此，我們要把柏
拉圖的「觀念論」與亞里士多德的「四因說」合為一個體系來看西方
哲學之所以為西方哲學者，然後就會對希臘文化與當今的歐洲文化所
給今天人類文化帶來的一切學術思潮、宗教發展、文學藝術各種形貌
中，西方科學在西方各種文化中的滲透面目。對於這個問題的深切與
透徹的分析和觀照：就在方東美先生的「科學哲學與人生（藝術）」
一書與「哲學三慧」、「生命情調與美感」之中。總之，在「詩」─
─的：意象之「美」的世界中：具體的意象、抽象的意象，既非具體
意象而又非抽象意象，既是具體的意象而又是抽象意象之間的──層
層疊疊的交接、交換、交差、交比的無盡「瑤台」之美，就在詩人的
心靈世界中。

　　臺灣大學外文系教授臺大國際學術交流中心主任，比較文學學會
會長，張漢良博士「分析羅門的一首都市詩」，不僅是分析，而且是
欣賞。當然，這就更要透過「分析」者，「欣賞」者的「創作」心靈，才
能達到「批評」一件作品的既能說得中肯，又能應用的確當。行家與
非行家之分，也許就是從這裡開始。張漢良教授從之而看到羅門詩的
「靈視與象徵系統，基於個人的三元（或二元）世界觀。第一自然與
第二自然為詩的素材，第三自然便是作為模擬藝術的詩。如果把羅門
的第一、二自然歸納為現象，那麼詩所營構的世界，便是超越此現象
界的本體界。這正是『超越象徵主義』（Transcendental Symbol-
ism）的藝術觀。透過本詩的結構分析，我們看出羅門的觀念：人為
何介中於『第一自然』與『第二自然』之間，指出它們的離異，或調
和它們；或如何能夠藉詩的活動，創造出一個超越這兩層自然的新秩
序──這新秩序，就是他所謂的『第三自然』──」。張漢良博士曾
翻譯過Charles Chadwick的「象徵主義」，如與此文對而觀之，當

見其分析功力確非「火候」不到者所能爲之。

　　至於，張漢良博士在「現代詩導讀」（一九七九年十一月故鄉出版社印行）導讀：蓉子的：

一朵青蓮

　　有一種低低的迴響也成過往　仰瞻
　　祇有沉寒的星光　照亮天邊
　　有一朵青蓮　在水之田
　　在星月之下獨自思吟。

　　可觀賞的是本體
　　可傳誦的是芬美　一朵青蓮
　　有一種月色的朦朧　有一種星沉荷池的古典
　　越過這兒那兒的潮濕和泥濘而如此馨美！

　　幽思遼闊　面紗面紗
　　陌生而不能相望
　　影中有形　水中有影
　　一朵靜觀天宇而不事喧嚷的蓮。

　　紫色向晚　向夕陽的長窗
　　儘管荷蓋上承滿了水珠　但你從不哭泣
　　仍舊有蓊鬱的青翠　仍舊有妍婉的紅燄
　　從澹澹的寒波　擎起。

導讀：

　　「七十年代詩選」曾介紹蓉子的詩風：「她早期的作品頗流露著哲思與智慧的光輝，『青鳥』時期，她活潑玲瓏的句法，音響輕柔的

節奏，單純明澈的意象，嚴整穩妥的結構，以及含蓄的抒情風貌，在在使人低迴不已。之後，『七月的南方』與『蓉子詩抄』相繼出版，蓉子的詩風便有了極顯著的轉變，在現代新審美觀與新的觀物態度的影響下，她逐漸更換了『自我』的坐姿，逐漸遠離了『青鳥』時期那單純雋永與可愛的抒情世界，也像其他的現代詩人，強調深入的思考與知性，向內把握住事物的真實性，追求精神活動的交感作用，使作品在現代藝術的新領域裡塑造交錯繁美與帶有奧秘性的意象，獲致其更純的深度與密度。……蓉子大部份的作品給予我們的感受是整體的躍動──一種女性特有情緒美，一種均衡與和諧的心象狀態的展露……。」

「這段話在十年後的今天看來仍然相當準確。蓉子具有大多數女詩人敏銳的觸覺；但又和浪漫的女詩人，如胡品清、沈花末、馮青不同。蓉子的詩表現出一種寧靜的秩序與斯多噶式（Stoic）的收歛。這裏選錄的「我的妝鏡是一隻弓背的貓」與「一朵青蓮」都能充份表現這種特質。前者藉一連串暗喻的辯證，冷靜地探討說話人與妝鏡的關係。

「一朵青蓮」中，沒有我，祇有物。讀者無法明確地抓住觀物者的敘事觀點，唯一的線索是第三段的「陌生而不能相望」，似乎暗示著敘述者與蓮的相隔一水，但更可能的是敘述者已化身為蓮，不能相望的是其他的人與蓮，而非敘述者與蓮。這朵蓮是寧靜的存在：「一朵靜觀天宇而不事喧嚷的蓮」。

此詩在某層意義上是蓉子自己的寫照，文如其人，她一向「素處以默」，不介入詩壇的擾攘紛爭，也很少參加活動。她的另一半──羅門──則是詩壇有名的慷慨激昂人物；令人不解的是：羅門的詩是冷靜的，不類其人。有人把他們喻為中國現代詩壇的「白朗寧夫婦」。就其詩觀之，蓉子比伊莉莎白古典多了。」

　　詩人，詩論家蕭蕭教授「論羅門的意象世界」：「羅門的世界理應是心靈的奧祕眞境之呈現，旨在叩醒『人』自身的內在完美。羅門的意象──如何繪出：美感？㈠**瓜葛說**──是指意象之間的相互聯屬，進而感受整體的詩味。㈡**交感說**──瓜葛只是『物理作用』，交感則爲『化學作用』，即意象與意象或物與物之間引起交互的感應，其中的關係，不再是平面的聯屬，而是立體的超越意象之外的應通。羅門意象在於『交感』的全然渾然。㈢**距離說**──不只是創作時自身與事物間的距離，也是作品裏意象間的距離，以及引動讀者之間的美感距離。我們試圖從意象揆撥羅門對生命之獨特回應：㈠**提『永恆』之網**──**永恆不是一種境界，而是一種追索的『過程』。**㈡**挈『美感』之領**──羅門的美感起於回返本位所引發的美。羅門的美感，便是基於這樣的一往一返乃至於數往數返。總之，羅門的詩的意象，已經突破了平面的形色之美，進而樹起立體的、身歷聲的、非靜態的綜合意象美。」──這：詩人詩論家蕭蕭的「羅門」意象寫來，已經不是「落日照大旗，馬鳴風蕭蕭」，而是「明月松間照，清泉石上流」。民國六十一年初偶然看到蕭蕭教授的「釋皎然及其詩式」──中國歷代詩話述評之三──我在文藝中心問羊令野見：「這是什麼人？」令公告訴我：「是位年輕人很有才氣！」不知其「中國歷代詩話述評」可曾出版問世否？

　　詩人、詩評家兼英詩翻譯家，英詩創作者，文化大學外文系教授陳瑞山博士「試辨羅門的超現實詩之謎」──「意象層次剖析法」謂：「是純就藝術的觀點，透過意象──本質層次的解剖，對於現代詩從寫實寫到超現實的諸多表現手法，試圖提供一條在創作與欣賞雙向交通的可能途徑，使詩在作爲一種藝術發展的過程中，能夠落實在合乎人類思維運作的準線上，進而讓現代詩健康地活於人們的心田而不再老是遭人誤解」──這就像他自己的詩：「上帝是隻大蜘蛛」（陳瑞山

著，星光出版社出版，中華民國七十五年五月初版）陳教授要「讀者在閱讀文學作品時，是尋著作品中意象的有機結構去摸索，而不是去讀它所表現的流派。詩中的意象多半經由三種方式來呈現：㈠直陳，㈡明喻，㈢暗喻。但是每一個人同時也或多或少對於某些負載著意象的語言，有他私人意識或經驗裏的獨特『意義』。如何才能在創作與欣賞時，精準地掌握詩中的意象呢？便是要對每個意象所涵蓋的意義層次，做個有系統的探究———一個意象整體意義的形成，約來自五種基本的層次：㈠形樣層，㈡元素層，㈢質感層，㈣歷史或神話層，㈤藝術家的魔力層——是一個生命體，不斷地在新陳代謝，成長演進，宛似一個小宇宙，不是單憑個人有限知識可以完全了解。經由意象層次剖析法檢定羅門的詩，具有幾項特質：㈠羅門的語言予人一種架構性的質感。㈡羅門超現實語言效果之造成，是源於他超越了被用來傳達意象的媒介——語言——的字面意義，而直接進入意象本身的層次裏去做意象與意象間本質意義的結合：內在意義層疇結合，這是羅門的詩令人難懂的地方，也可能是解開羅門超現實詩之謎的一把鑰匙。㈢羅門詩的題材與風格，具有『思考性』的居多，稱之為『思想詩』（Poetry of thought），也不為過。羅門的詩風：由浪漫而象徵，而進入超現實的階段，以藝術的手法，在他的系統世界內，將它們有機地統合了起來。正因為『超現實』與『入世』，是共存於人類心靈生活中的兩種旋律，也唯有真正領悟出『人性』的作家，才能不侷限於一些狹隘的文學主義和流派，而開創出一個完全屬於『人』的文學世界。」——這：陳瑞山教授給我的感覺是：「吾道不孤」。

　　特出詩人，與詩評家季紅先生在「羅門的詩觀、表現觀和他的語言」中談「詩人羅門」有「自己的藝術理想、藝術信仰，擁抱著這一理想與信仰，走著自己的路，唱著自己的歌——步態堅定，歌聲昂揚。羅門的『詩觀』——是以嚴肅為核心，而衍出他詩的『宗教』。我寧願

相信這是由詩人自我省思的結果，自我心靈的探索，自我期許，形成一種思想，產生了信仰，化爲力量。他的『第三自然』，具有以下幾個含意：㈠心靈的審美功能。㈡心靈的審美活動。㈢透過審美活動事物在心靈中所呈現的完美自足形式（形象、樣相）。㈣表現品。他『觀察』自我，從而建立他的詩觀，毫不猶豫地將自我奉獻予一項莊嚴的使命，觀察周圍的環境，從而形成了『第三自然』和『現代感』的論點，觀察個別對象，從而抓住了它們的本質，並經由獨特的表現而『一舉擊中了它們的要害』，使讀者感覺出那種震撼。他以極大的關切和注意力去觀察現代人的心境和現代社會的諸樣相。『現代感』不但是羅門的認識論，更是羅門的方法論。他對詩經營與對語言的操作，都是從『現代感』這一概念架構起來。羅門主張：『表現技巧的多向性，內涵世界的多向性，不斷探索詩語言新的性能：新異性、突破性』。羅門詩的基本信念：使在現實物質文明中受損害的精神與心靈，藉著詩與藝術得到撫慰與提升——給他一面鏡子：不僅讓他看自己那張被摑的臉，更要讓他看自己高貴的心。」——這：是從「詩」的高度存在之——「美」來看羅門的詩，非僅妙徹之言，乃甚得羅門——詩：心之言。

　　詩人、散文、小說兼詩評家的殿堂出版社總編輯陳寧貴先生在「評介羅門詩選」——「月湧大江流」中說：「羅門已成了現代詩的名字，他是現代詩的守護神。『曙光』、『詩的歲月』都是羅門寫給蓉子的，兩首詩相隔近三十年，可見羅門感情的眞摯動人。『第九日的底流』，描寫永恒的美，對美的歌頌，氣勢不凡。『麥堅利堡』，動人是無可否認，最大的心力創作——巨構，屹立不朽的金字塔。」另外，陳寧貴總編輯還寫了七篇的評論羅門詩——擲地有聲的文章。尤其他在「洪範」七十年七月廿五日寫了一篇——

羅門的震撼——評介「羅門編年詩選」

詩人羅門依年代（自四十三年至七十二年）從他六本詩集中選出近200首詩由洪範出版他的編年詩選，讀者不但可由此書中看出羅門自最早期的浪漫詩風，是如何溶合與提昇各種詩派（包括「浪漫」、「象徵」、「超現實」、「投射」、「及物（即新寫實）」與「白描」……等）的藝術質素與表現技法，而發展爲目前具有一己獨特風格與強烈現代感的詩貌；同時可看出他三十年來創作的基本導向及其所持信的藝術意念與美學態度，甚至可考察出現代詩創作的精神實質。

我深信這選集必能引起重視，因爲這位被看成「重量級」的詩人，確具有他與眾不同的特殊的一面，三十年來，他對詩與藝術所表現的近乎宗教般虔誠與執著的情懷，以及一直強調現代詩與現代藝術的原創力、新穎性、現代感與前衛意識，是至爲強烈與突出非凡的；同時他透過詩，採取心靈的廣角鏡，突破所有褊狹的視道，多向性地探索現代人內在世界活動的境域（包括自我、性、都市文明、戰爭、死亡與時空等生存層面）是具有極銳利的透視力與洞見的，因而能兼顧與掌握創作思想的深廣度；尤其是他繁富傑出的想像力，使意象世界不斷向詩境放出卓越的光能，是強大且具震撼力的。

我相信這不祇是我個人對羅門這部書與他三十三年來創作的心路歷程，持有這樣的觀感，應該是有不少明眼人，也會做如此觀。現在且來看詩壇上具有知名度的評論家與詩人對羅門創作世界所曾下的評語：

⊙詩人兼詩評家張健教授對羅門獲菲總統金牌獎的「麥堅利堡」詩下的評語「這首詩給予人心靈上一種蕭穆的窒息感……是

首堅實的力作……結構頗爲堅密，如果這樣長的詩，一有塌陷之感，作者的心血便白耗了，但這首詩似乎也是『在風中不動，在雨中不動』的……這首詩是氣魄宏壯，表現傑出的，在這裏既沒有浪費太多的意象，也沒有因個人特殊的理念而顯出晦澀的傾向，而且眞正地使人感覺到自己讀了這首詩就如身歷了那座莊穆而能興起『前不見古人，後不見來者』的紀念堡。我不想引太多割截下來的佳句，因爲他正像『一幅悲天泣地的大浮彫』，作者在處理這首詩時，他的赤子之誠，他的對於歷史時空的偉大感、寂寥感，都一一的注入那空前悲壯的對象中，我也許可以武斷地說，這是年來詩壇上很重要的一首詩……羅門這首詩是時空交融，是眞正地受了靈魂的震顫的……」

⊙詩評家張漢良教授評介羅門時說：「羅門是臺灣少數具有靈視的詩人之一；他寫反映現代社會的都市詩，是最具代表性的詩人。」

⊙詩評家蕭蕭說：「羅門的詩，具有強大的震撼力；他差遣意象有高人一等之處。」

⊙詩評家季紅說：「羅門無疑是今日現代詩壇一位重要的詩人，他的前衛意識，他的創造精神，他的深刻觀察與他突出的表現，都使他成爲重要的詩人。」

⊙批評家蔡源煌教授對羅門創作的某些看法「羅門所要表現的，也就是他所謂的『第三自然』。第三自然的塑造，是以萬法唯心爲出發點；包括了超脫、永恒的追求，乃至原始基型的緣用。」

⊙時報文化出版公司出版羅門的「曠野」詩集時特別推介：「曠野」是羅門的第五本詩集，是這位現代主義的急先鋒在

寫詩三十年之後的重新出發。

羅門詩的最大特色，在於他豐富的意象、新鮮的感性、和充分的現代感。他能融合現代畫的構圖、現代電影的蒙太奇及現代小說的意識流，交織成萬花筒般魔幻的世界。他用曠野象徵現代精神生活的荒涼，但也暗示了它的遼闊和無限的可能性，比諸艾略特的「荒原」，有異曲同工之妙。

如果在今天要找一個最能表現都市文化的詩人，羅門無疑是個中的代表。

⊙詩人王潤華教授讀書時代讀羅門的「麥堅利堡」詩，曾在文章中發表感想說：「英國詩人P.LARKINS的『上教堂』是呱呱叫的作品，在倫敦被視爲最透視人類精神的，但我認爲比不上羅門的「麥堅利堡」……」。

⊙批評家李英豪說：「羅門詩中的張力，不是存諸矛盾情境中，而是存諸其悲劇性（源自人的存在）高度的意象化中，不但具有張力而且深具壓力，這是異常值得重視的。」

⊙「劇場」編者邱剛健他讀了羅門的『麥堅利堡』說：「我非常喜歡羅門的詩，我同學說羅門的詩將來可自成一家，我個人深有同感，我想羅門是屬於極少數幾位有那種偉大企圖與成爲偉大可能的詩人之一……」

⊙早期以才情突出詩壇的詩人阮囊說：「我讀羅門的作品，一向使我感到花團錦簇，光芒四射，令人目不暇瞬，不管從那個角度看，羅門的智慧、思想、人性的光輝、情感，統馭詞彙的能力，都是駕乎我們這一代詩人……。在詩的王國裏，羅門永遠是那麼豪華，那麼富有……」。

⊙詩人兼散文家陳煌說：「以追求藝術的永恒之心來講，羅門算是最能掌握其最內裏最震撼的那一剎那脈動的詩人，對人

er,

性──或者談所謂的生命的詮釋，以及內心的審視反省，羅門似乎肯以整個心去投入，以透視！這點，表現在詩上的成就，不但在質量和數量上皆較其他的詩人都豐富，眼光尤鞭辟入裏。看來，羅門是一個永遠對生命忠誠而渴求自省批判的詩人。」

⊙詩人林野說：「源於都市景觀和人類生存層面的題材，一直為詩人們努力地探討和詮釋。但探討此類的作品，多半由於語言的傳熱性和導電度不佳，或侷限於物象的表淺切割，以致不能激發強烈感情的痛覺反射，所造成的心靈震撼，也就不足為奇。在當今國內詩壇，詩人羅門對於這些尖銳、猛烈的事物，始終投入最灼熱的觀照，可貴的是他對現代感的瞬間捕捉，透過冷靜的內省，精準地把高度活動性的意象和疊景，拉攏到靈視的圓心。從他的詩裏，經常可聽見血的聲音，都市譫妄的幻覺，同時也怵然看到現代人迷惘的表情。」

⊙詩人張雪映說：「羅門是一位較為『直感』的詩人，他直接地『自覺』於人類內心最原始的生命力之悲劇精神，我們可從羅門大量作品裏，窺出他面臨現代；都市文明與戰事與死亡與自我的關係，在在呈現出羅門直覺地引發出內心所欲渴求的超越性，欲藉著他所勾勒出來的媒體意象，引導著同感的讀者走向孤寂沉思的高峯，欲運用出他所深覺得較為超越性的動感語言，加速著讀者血液的循環、與強調出內心的震撼。在羅門諸多的詩作中，『麥堅利堡』正是一首最為成功地達到了上述的境界。」

⊙青年詩人兼藝評家呂錦堂在評介羅門時說：「羅門是位才華橫溢的作家，他以銳敏的靈覺去從事藝術的探索，完成許多豐富人類心靈的詩作，是一位享譽國際文壇的中國現代詩人，

也是一位推動中國現代詩的健將，其作品無論在深度、廣度
與密度都十分完美。其詩作予吾人的印象是氣勢磅礡，富於
陽剛之美，他將全生命投入藝術，擁抱藝術，故作品有著強
烈的生命力……。」

⊙美國詩人威廉‧高漢教授（W.H.COHEN）他曾來臺灣任政
大客座，讀了羅門的「麥堅利堡」詩後他寫著：「羅門是一
位具有驚人感受性與力量的詩人，他的意象燃燒且灼及人類
的心靈……我被他詩中的力量所擊倒。（原文：LOMEN IS
A POET OF ASTONISHING FELLING AND POWER.
HIS IMAGES SEAR AND BURN MEN'S BEING ……
COHEN WHO IS AUESTRUCK BY THE POWER OF
HIS POETRY）。

看到上面這許多人（包括教授、學者、批評家與詩人等）的評語，
我們可看出這位曾入選「中國當代十大詩人選集」與榮獲菲總統金牌
詩獎的詩人羅門，在向人類心靈深處探險三十年來，所創作出的那些
具震撼性的巨構型作品如：「麥堅利堡」、「第九日的底流」、「都
市之死」、「死亡之塔」、「觀海」與「曠野」以及許多精彩傑出的
短詩：如「流浪人」、「車禍」、「望鄉」、「海邊遊」、「日月的
行踪」與「傘」等，確已獲得了他肯定的價值與永恆的回聲。

現居美國的高標詩人、詩論家賀少陽先生在「羅門詩的哲思」中
說：「羅門詩的『哲思』，是自『美』的基礎出發──生命的進化，
不是直線前進的。他的上升螺旋體：卻更具巧思──把東方的圓融和
西方如尖刃三角心向的超越統合在螺旋內。永恆──是藝術家和宗教
家的羅門：『詩的哲思』之融入宇宙『空──時』的絕對，消除時空
相對，以自我來詮釋的──也即是消失自我（進入宇宙本體和人類整
體）才能得到真正的自我，在太一的整體中體認自我，很自然的消除

了孤立與疏離感───剎那即是：永恒。」這──是從宇宙最高透視點，才能寫出的：羅門詩的不同形上意義與永恒的整體性。

　　創世紀詩社發起人──巍然卓識的詩人、詩論家兼詩評家的張默先生在「羅門及其『都市之死』」一文中開頭所寫的──我來把「它」排寫成「詩」：以共賞之──

　　　　像岩美第支（K.Armitege英雕刻家）從年輕空有著半沉思的
　　　　　　「生命之探究」」
　　　　像莫拉維亞（K. Moravia）所擁有生命的「悲劇的峯頂」
　　　　像尼采透過嚴肅無情的考驗而終必
　　　　　　是「勝利者」
　　　　像弗洛斯特（R. Frost）的「靈魂的鋼索」
　　　　繞著他那複雜的心闈……

　　　　這一連串的
　　　　　　比擬──也許並不恰當
　　　　祇是表現
　　　　我在努力
　　　　　勾劃
　　　羅門──時的
　　　　　一點影像
　　　　　　　的
　　　　　　　記錄
　　　　　　　而已！

　　這就是詩人張默所透照出的「羅門」詩的生命──影像：這才是最最最美的一首「立體──意象」而又超超現實的永恒寫照：詩。

　　老友史紫忱尊兄高足──中國文化大學文學博士、中央大學中文

系教授、詩人、詩論家、文訊月刊主編、古典文學會會長李瑞騰老弟在羅門的「曠野」精神一文中說：「羅門一直想要探尋的是純粹生命本體的存在，企圖藉著凝神觀照生命體在空間的形象，甚而通過表象，以進入生命最原始的曠野。當他把自我理念放射到現實層面，所關心的課題，仍然是：生命的存在問題。羅門以自我的基點，一方面往內以挖掘心靈世界，另一方面則往外去追蹤（反映或批判）客觀世界（事象、物象）的本相，雙線平行，成交疊開展，是羅門從『曙光』、『第九日的底流』詩集以降一直到最近出版的『曠野』的創作走向。在羅門的理念中，皆是把『人』放在廣濶的『曠野』中去進行觀察或定位的途徑。」這才讓我深深地感覺到——「長江後浪推前浪」的可畏而又可敬！

　　一位美國留學人士兼教授的比較文學博士詩人、散文家的楊牧先生，對羅門的讚頌是：「羅門是詩壇重鎮，詩藝精湛———代風範的詩人。」善哉！此「頌」也何其「善」矣哉！

　　四川大學中文系教授留法深研文學批評的侯洪先生在「詩的N度空間」一文中——看羅門詩歌的雙重吸收說：「羅門以其詩歌的創新精神和現代性，享有『現代詩的守護神』和『都市詩與戰爭詩為主題的巨擘』聲響，並且在大陸及香港地區以及世界各地華人圈內具有廣泛影響。他的詩作已被譯成英、法、日、韓多種語言文字出版。事實上，羅門的詩不僅步出了臺灣詩壇，乃至整個中國詩壇，而且進入了世界詩壇。羅門詩歌世界的空間，不僅涵蓋了臺灣、大陸和香港，還波及韓國、菲律賓、美國等其他國家。」然後本文對羅門的詩用了很長的篇幅「來考察羅門的詩體空間：㈠時間的空間化；㈡空間的時間化與多維化；㈢時間的交錯旋轉。」三個羅門詩的心靈世界中的三大「詩眼」之透向。最後，侯洪先生在本文的結論說「羅門的星空——中國的與西方的、傳統的與現代的融為了一體。它既是詩，又是詩的

哲學。羅門的詩映現出時間、存在、生命、永恒、無限、空無、戰爭、死亡、愛情等人類基本話題。在這深層的文化結構層面，漫潤著東西文化的沉澱：㈠從對美的追求，主體精神的至高無上性，清晰可辨出西方先哲柏拉圖和法國詩人馬拉美的影子，無愧是『理想國』的鬥士，精神家園的主人；㈡對人性的重視，德性的褒揚上，展示出中國古代儒家學說與西方康德哲學和阿諾德、白璧德的新人本主義精神的結合產物；儒家那套『天人合一』的自然和諧說以及『載道』觀，也深烙在羅門詩的意識裡，而禪宗的空靈、超逸都通過中國古代山水詩人王維、陶淵明的詩浸潤於羅門的詩中；㈢詩人作品中的悲劇意識更多受惠於亞理斯多德和尼采的學說；㈣對於時間與存在的關注，則導源於道家思想和柏格森、海德格爾、沙特等人的直覺主義與存在主義；㈤二元對立的辯證模式始終是羅門思維構架的支柱。總之，在羅門的詩中，我們還看到他對中國古代詩論、畫論和書法藝術的體認，把中國古典詩歌的靈性、禪意、古代詩詞中煉字造『詩眼』的手法，繼承和發揚了下來，並且把法國象徵主義、超現實主義和現代抽象繪畫藝術理論加以吸收和借鑑，使之有機地在他詩歌中融爲一體，而不是對那些現代主義藝術作簡單模仿和照搬。從而使他免爲西方文化藝術的『代理商』，和中國古典詩歌的『書童』。在他眼裡，中西藝術的融合是爲了開拓和創新，於是羅門的詩歌體現出既具詩的純粹品質，又能把握時代精神；既是感性的，又是知性的現代詩的質素。他對中國古典詩歌和西方現代主義詩歌的雙重吸收中，表現出了強烈而又自覺的現代意識和『熔鑄』能力。」這篇文章之寫來，是大大出人意表，其對中西哲學、文學與詩都是「從頂額上做來，直截根源」（嚴羽，詩辨），不愧爲高手的本色，當行的高手。

　　文學博士兼文學理論家的臺灣師範大學外文系戴維揚教授在「噴向永恒思維的螺旋」──析論羅門三篇詩作的「空間運作」中說：「

科技轉變空間的思維架構，詩哲繪製空間永恒基型的典範，基督教理
想與現實的空間觀」之後，然後「論及三首羅門涉論空間運作的詩作」，
其結語：「羅門詩作最富原創力，最蓬勃開展；空間感（面向）最富
變化的反而是最早的傑作『麥堅利堡』——詩人羅門像個螺旋，動力
十足，轉個不停，他要為這個現代人生存空間，轉動各有乾坤的思維
面向，無限地展開『Ｎ度空間』——永恒的場域；那一片空茫、空無、透
明的空間。」在此大文中，我更讀到戴維揚教授在西方「科學的哲學」這
門學問上深厚功夫，令人敬佩。

　　詩人兼散文與評論家的中外文學學者臺灣大學中文研究所張健教
授「論羅門詩的二大特色」：「一富於思想性」是「㈠對時間的敬畏
與讚嘆，㈡現代文明的省思，㈢對死亡的省思，㈣自然的偉大與天人
合一，㈤對英雄的崇敬。」「二豐富的想像力」有「喻」——比的「
八種模式」與「借喻的運用三種模式」。此論乃以中國詩人心靈透過
西方詩人的形上性論羅門的詩之內容與形式技巧，其「意象的豐實多
變，語言的迴旋創闢，氣勢的陽剛磅礡等，均值得細細探討。至於他
的前衛風格與藝術多頭主義，有待博學的批評家們予以全面的觀照。」張
健教授還有一篇「滄浪詩話研究」論文由臺大文學院於中華民國五十
五年印行，另外李道顯教授的鍾仲偉「詩品研究」論文由中國文化大
學華岡出版部於中華民國五十七年印行，此二種着實之著，均為當代
中國大學學術專門研究工作的高度成就，殊為難得，當可合而觀之。
張健教授曾因教學研究編選中外二百名家論詩之言名曰：「詩心」，
於七十一年由國家出版社印行。此書，乃為「辨於味」而後言「詩」
之所作也，其「結語」甚妙。

　　文學評論家——廈門大學徐學教授在「羅門詩論的主體性」中說：
「讀羅門的詩論，其中有一顆熱烈而虔敬的詩心，也有一以貫之的思
想線索，那就是對作家主體精神的推崇，對生命力創造力搏擊生存悲

劇的讚頌。羅門詩論的重心與焦點則在於詩人的內在精神、主體性，宏大的氣魄，不凡的境界，強勁的生命力，對美作永恒的求索，將詩藝與人的生存、人類的命運聯繫起來，作形而上的思考，近乎神性的事業，拯救自我，淨化人類靈魂、詩人心靈對於創作的重要意義。他把大自然景象稱為第一自然，將物質文明的成果稱為第二自然，將詩人與藝術家創造出來的藝術世界稱為第三自然。這種提法──充滿自信與魄力，將心靈世界、自然世界、器物世界三足鼎立，正是對藝術創造主體與其精神結晶那種獨立自足雄視百代本質的極度褒揚。這種說法，把藝術家同等於造物主。」──這：才是「操千曲而後曉聲」（文心雕龍・知音）的「圓照」之「論」。

　　國立師範大學國文研究所潘麗珠教授在「羅門都市詩美學探究」一文中說：「從羅門──『方形』、『窗』、『眼睛』等重要意象，明朗直接，具現代感和類疊性的語言風格，以及寓有特殊寄意的詩形結構，來探究羅門詩的內涵，可以瞭解他以都市的構圖的藝術理念和審美趣味。他正以他的詩藝不斷地實踐『第三自然』的審美心靈。」──這：是「第三自然」在羅門詩的審美心靈中。

　　詩人、評論家、師大英文研究所教授林綠博士（丁善雄）大大地引用了衣凡的「詩壇上一座由聖經自然與存在觀造成的三角塔」介評蓉子詩的論文中的：「像蓉子那樣擁有一個極富於展佈性與擴張力的龐大創作面，在古今中外的女詩人當中，確是罕見的！無論是上帝、自然、時空、生存、死亡、天國、都市、永恒、戰爭、幻滅、空無……等重大主題，乃至細微的事物、如一片落葉、一扇窗、一盞燈、一聲鐘響、一朵雲、一陣風以及家庭的一切瑣事，都是她創作的對象。同時，蓉子能越出柔性的創作世界，而適度地掌握住那個是女性詩人所不易掌握住的剛性創作世界，更是一項傑出的創作表現。」作為林綠自己「女性意識與女性自覺」這個論文的開場白，以指出：蓉子詩

的世界──是一個完整的女性自我。然而，蓉子這個「詩」──的意象之美，就在蓉子的：「我的妝鏡是一隻弓背的貓」──之最透靈的詩的創造之美的世界中。至於，林綠說蓉子「以──『青蓮』，象徵自己，而『維納麗沙』卻有其特殊的象徵，能夠達到理想的境界──『遙遠的地平線』建立獨立自主的生命，層層超越：是一棵獨立的樹，而不是藤蘿。」這確有超人的慧「觀」。

　　詩人、專欄作家、文學評論家王一桃先生在「從蓉子詩看其詩觀」中說：「蓉子的詩觀──除了以邏輯思維形式表達外，那就是以形象思維形式來表現。以詩說詩，是蓉子詩觀表達的一種特殊方式。因為蓉子認為『詩，是對生活現象的探索，對生命本質的體驗。詩，是窺看門內：那永恆的奧祕；所追求的是───個無懈可擊的圓。從殘缺粗糙的現實中提升起來，經過剪裁、變化，再賦予美和秩序。真誠的詩，和美的藝術，都是永遠引人入勝。唯其真，才能表現生命的本質，生活的內涵，和大自然的奧祕。』悲劇入詩，使蓉子的作品，顯得更深沉凝重。她那人類之愛的善心，也表現得更加淋漓盡致。美，是生活的真，情感的善在整個藝術形式的完美體現。蓉子不愧為美的使者！多美的『一朵青蓮，在星月之下，影中有形，水中有影，一朵靜觀天宇而不事喧嚷的蓮，從澹澹的寒波，擎起』──這『一樹欲融的春天和逐漸上升的燦美』在對美的整個探索和追求上，是一個相當重要的超越。羅門──才是蓉子一位最熱心的讀者、最細心的批評家、最忠心的伴侶。」──這：是「蓉子」詩──超越論的點出。

　　詩人、作家，安徽大學文學院公劉院長在「詩國日月潭」一文中說：「蓉子女士的『一朵青蓮』──精粹與精緻，有如一粒水晶，一顆金剛鑽，於沉靜的光輝之下，明淨得使空氣感到羞愧，鋒銳得又教空氣也想逃避。明麗典雅，端莊嫻淑，音韻婉轉，寫出了一己的情愫之所寄託──中國人數千年的審美對象：蓮荷，那就會自然而然地形

成一幅客觀上的自畫像，一般客觀上的內心獨白。這的確是不由人的。既繼承了山水詩的靈秀瀟洒，超脫忘我，又借鑒了和吸收了西方印象派繪畫的技法。它受到了各方面的推崇，並非偶然。」──這：指出了蓉子「詩」的：英華煥發的無盡「翠哲」。

文學理論家，海南大學中文系唐玲玲教授在「蓉子詩歌的藝術風格」一文中，標舉出蓉子的詩：「㈠心的透明、情的摯誠、愛的純眞、味的幽雅──蕩漾人們心靈。㈡東方古典式的朦朧美，和西方宗教的深沉思索，創造明晰而又朦朧的意象，和深邃的意境。㈢山水詩引導讀者進入另一境界──那一片的寧靜。㈣強烈的音樂美感──一只生命的小舟。」──這：表現出蓉子詩歌藝術的獨特風格：渾圓。

大陸著名詩歌評論家──湖南作家協會副主席李元洛教授在其大著「詩美學」一書中說：「羅門的：漂水花──可以說是上乘的詩的小品，想像是豐富的，表現出原創性。但是，如果沒有現實的與歷史的生活的累積，而這累積在一刹那間被心靈活動的火花所照亮，就不可能產生這種『想得又多，寫得又妙』的作品。」（第一章，詩人的美學素質，42－45頁）在第四章──「論詩的意象美」中說：「輻射式意象與輻輳式相反，雖同是一首詩的構思核心，但它的意象結構，卻不是向內凝聚的，而是採取一種向外輻射的形態，具有如美學中所說的向外的張力，即由內而外的延展與擴張的美學力量。蓉子的『傘』就是如此。蓉子是一位頗具才華的女詩人，從這首詩也可窺見她的詩藝──全詩以『傘』為中心意象，反之覆之地描繪和比喻，如同『傘』本身一樣，呈現的是輻射狀的意象結構，色彩繽紛，令人目不暇給。」（197－198頁）──這：可以看出來大陸詩歌美學家李元洛教授的慧眼獨具：在「羅門──蓉子」的詩中，找到的是美的素質與美的意象在「傘」的獨造之境中。

詩人鍾玲在「論蓉子的詩歌──都市女性與大地之母」一文中說：

「蓉子的詩,在體材與風格上,有多面化的特色」,並引用中國時報副刊主編高信疆先生評蓉子的詩:「晶瑩明澈的詩風,虔誠智慧的語句,樸素的形式,眞摯的情感,精緻的結構」來托顯蓉子詩的美。然而詩人鍾玲在最後終於說出了蓉子詩「用明喻、暗喻,文法結構各種技巧,成功地呈現她的主題──對現代文明相當全面的抨擊,更賦大地以神性。歌頌大自然的和諧及完整,壯麗與永恒,在精神上屬古典主義,追求平衡與和諧。她處理的主題,包括哲思、親情、大自然的讚頌、女性的形象。四十年創作的特色,不受什麼當時流行文體的影響。在大自然及女性形象兩方面的主題,則有劃時代的突破之作。」

這已──表達了:在中國詩的民族與歷史中大開生面,不讓已往矣的偉大女詩人、女詞人獨美於前。這眞是:當代詩壇盛,蓉子乃高蹈。

爲什麼呢?

我自己就是從一九四九年以來,一直到今天,親眼凝視這「從久遠的年代裡,飛來的」──「青鳥」,「爲尋找一顆星,痴痴地坐在河岸邊」:等待──「劃破茫茫大海的,不是白晝的太陽,不是夜晚的星星,也不是日夜吹著的風──是一隻生命的小舟……劃破了大海的:茫茫」──「擁抱大理石的柱石」:「在如染的南方:七月」──「從碎裂的寧靜裡:鏡中落下來塵的波影,夢的虛幻……有一種低低的迴響也成過往……沉寒的星光、照亮天邊──一朵青蓮……在水之田:可觀賞的是本體,影中有形,水中有影──一朵靜觀天宇而不事喧嚷的:蓮──紫色向晚、向夕陽的長窗:儘荷蓋上承滿了水珠,但從不哭泣──從澹澹的寒波:擎起」──而不是「一捲如髮的悲絲」:「只要我們有根──一切都不會死去:如紫葡萄之死」──「你靜靜地走著──完成自己於無邊的寂靜之中:心海──冰凍的音響:猶有可期待的喜悅」:「來自水、將歸於水的:一朵雲」──「去看你眼

中的海洋──沿絕壁直下：那些山、水、雲、樹──如髮網移轉，奔入幽壑：永恒──齊指向天空、眾樹歌唱，自己也成為其中美麗的一點：海語──無遺跡的遙遠的地平線，層層超越：海──三角形的：窗──走過：一朵荷花。」而不是：「夢的荒原」──當眾生走過，風是琴弦──一種季節的推移，時間的旋律、列車：一樹欲融的春天和逐漸上升的燦美──時間──年代轟然逝去：「那一把星光」在「兩極的愛」中展現「花藝組曲」──「藝術家：點著羊群」：「詩──從鳥翼到鳥，從風到樹，從影至形──一顆種子從泥土出生的路徑與變化：未言之門──我只為一人而朗誦」──：羅門在「我的妝鏡是一隻弓背的貓」：「夏日組詩，秋詩六題」──「古典留我」：「橫笛與豎琴的晌午，揮別古老的漢城，哀印度、維尼斯波光，圖騰的回音，北美洲的天空，紐約紐約──奔騰和凝固」：在「鹽竈下」，也有「廟街和玉」看「香江海色」：「夏，在雨中」是「晚秋的鄉愁」：「鄉愁」──「當時間隔久，回歸田園，一隻鳥飛過，哀天鵝，忙如奔蝗」：「蟲的世界：鬥牛士之歌，駿馬，親愛的老地球，月月初旅，太空葬禮，水仙費辭，意樓怨，金閣寺」──都在：蓉子的「千曲之聲」（文史哲出版）中慢慢的流出：「恍如無聲的千曲」。終於──蕭蕭為蓉子「千曲無聲」的詩與詩作論集編出了一本厚厚557頁的：「永遠的青鳥」（文史哲出版社印行）而在導言中乃說：「一九四九年之後，臺灣現代詩壇蓬勃而興，蓉子以溫婉詩風，歷四十年，而永遠典麗靜雅，久為詩壇長青之樹，評論者稱她為『永遠的青鳥』，樹立了女詩人的新典範，其格局之：寬厚、廣遠較諸冰心等一代大詩人尤為幽然深遠。她展現出：中國詩教的『溫柔敦厚』之美。」

　　這──永遠典麗高古而「千曲無聲」之美的「永遠的青鳥」──不僅是永遠永遠的，而且，蓉子詩的生命之「美」，我在一九九五年一月廿五日與羅門在電話中，就已告訴羅門記下我對蓉子「千曲無聲」之

美的，詩的語言之美的在意想之美、意象之美、意境之美中所展開的是──：

清融透澈

翠哲玲瓏：──

一個──「圓」的境界之美：呈現出宇宙生命之美的苒苒上升。

這，也許正就是周偉民與唐玲玲夫婦教授之所以要合著：「日月的雙軌」──羅門蓉子創作世界評介的大書，共471頁，由文史哲出版社發行人彭正雄先生爲之出版。

我看──

羅門　　的：詩
蓉子

・──美學、藝術哲學、哲學、詩、文學、藝術、科學、宗教、道德的：「立體文化宇宙生命之美的：『理想』──形而上『道』的──從形而下『器』的現象世界向上──的：追求」

・──A poem should not mean

　　But be.

　　　：──Archibald Macleish──

我們在透過了：
　　哲學的語言
　　科學的語言
　　藝術的語言
　　宗教的語言
　　之──：分析、觀賞、直尋羅門、蓉子的：詩之整個生命世界的「美」之後；不論是從任何哲學上的玄思、科學上的概念、藝術上的想像、宗教上的冥悟……以及任何「美」──「美學」上的；詩，文學的原理與技巧……歷史、思潮、創作的世界之層層「透視」與「觀照」──：

羅門的：「詩」──的世界之「美」，美在那裡？在當代──現代的：詩的世界之創造與建立中，已經必須用司空表聖二十四詩品的「詩詩」之美，來表達經過分析、觀賞、直尋羅門詩的世界之後的：「觀照」。所以，羅門詩的世界之「美」──就是──「美」在：

　　大用外腓，眞體內充；
　　返虛入渾，積健爲雄。
　　具備萬物，橫絕太空；
　　荒荒油雲，寥寥長風。
　　超以象外，得其環中；
　　持之匪強，來之無窮。

　　　　　　　　──司空表聖詩品：「雄渾」。

蓉子的：「詩」──的世界之「美」，美在那裡？在當代──現代的：詩的世界之創造與建立中，已經必須用司空表聖二十四詩品的「詩詩」之美，來表達經過分析、觀賞、直尋蓉子詩的世界之後的：「觀照」。所以，蓉子詩的世界之「美」──就是──「美」在：

　　素處以默，妙機其微；
　　飲之太和，獨鶴與飛。
　　猶之惠風，荏苒在衣；
　　閱音修篁，美曰載歸。
　　遇之匪深，即之愈稀；
　　脫有形似，握手已違。

　　　　　　　　──司空表聖詩品：「沖淡」。

我──爲什麼要如此的：「說」呢？「羅門──蓉子」的：「詩」之最高內在意義與其獨特的最高造境又是什麼？

因爲──我，當然是從我的：美學與藝術哲學、哲學、詩、文學、藝術、科學、宗教……的立體文化宇宙生命之美的理想與觀點──以

「觀照」：「哲學──科學──藝術──宗教──道德」的整體之美的透現──「道」的：理想。

　　這──在我的「美學與藝術哲學論集」（文史哲出版社印行）中已足以爲我如此的：「說」──提供必需的理由與充足的條件。當然，我不是說：「羅門──蓉子」的：「詩」已在「天堂的國度──登峰造極。」至少，我想：「羅門──蓉子」──的：「詩」已經在William Blake的："The poem identifies God and Man as one spirit. It begins by listing the virtues（"Mercy, Pity, Peace, and Love."）. In the last God exists in the form of man, for these virtues are present in the human Form Divine." 的境域之中。

　　因此──：我們再看：

George Santayana在他的：Interpretations of Poetry and Religion一書中說──"This idea is that religion and poetry are identical in essence, and differ merely in the way in which they are attached to practical affairs. Poetry is called religion when it intervenes in life, and religion, when it merely supervenes upon life, is seen to be nothing but poetry." P.V又是什麼呢？這乃就是：「前進中的永恆」（The Eternities in Advance）──在中國人的「易」中。

　　所以──：

　　我在羅門、蓉子──的：「詩」中，所看到的，所望著的，所「觀照」到的──就是我的：美學與藝術哲學、哲學、詩、文學、藝術……的立體宇宙文化生命之美的理想與觀點的：「哲學──科學──藝術──宗教──道德」的整體地、整個地、完全地──意想之美的：「透靈」的通體展現在「羅門──蓉子」的「詩」中的：「觀照」。

　　所以，我才會說──：

　　羅門「詩」的生命世界：是要在「雄渾」的象徵之美中去：「觀照」。

　　蓉子「詩」的生命世界：是要在「沖淡」的象徵之美中去：「觀照」。

　　這要在兩個「象徵」──之：「美」的一體呈現的「觀照」中，才能分析、觀賞、直尋到「羅門──蓉子」：「詩」的生命之美的「風格」──「美」的：理想、體製、骨力、氣象、興趣、音節所展現的神采、肌理、類式、格調、範疇、靈性、模式、神韻的整個境界之動底「意象」之──美：這對夫妻詩人的──既「典雅又遠奧」（劉舍人文心雕龍）、既「高古又深遠」（嚴羽詩話）、既「豪放又含蓄」（司空圖詩品）的乾坤一體的「雄渾──沖淡」之美的「日月的雙軌」心靈境象──「道」之美的呈現。

　　是之乎！是也。我才要如此的──「說」。

　　這就是──「學者，須從最上乘，具正法眼，悟第一義，一味妙悟」（滄浪詩話），才能懂得：詩──爲什麼會「動天地，感鬼神」？「豈不以：指事、造形、窮情、寫物──最爲詳切者耶！」（仲偉詩品）

　　因爲──：

　　「羅門──蓉子」的：「詩」確乃是如此的從──「道」中「直透」而出。我豈可無一言以語之乎？儘管──我還在養病的日子中。但我還是要說：「假如──詩，是如其他要寫的東西那樣去寫的話，詩也就不成其爲『詩』了。詩，是達到『存有』（Being）的一條線索；詩，是幻想的太陽。藝術，是哲學的完成。眞正的詩，不是個別的藝術作品，而是宇宙生命的本身。詩人，要在賡續不斷的創作中使自己的藝術作品，達到永恒的完美與永恒的無限。因此，宇宙的祕密，都是屬於──「詩」的。因爲──詩，是絕對眞正眞實的「存在」（To be）；是哲學的「核心」──越「詩」意的，也就越眞實，也就越美。詩，開

始於語言的創造，完成於形象的表達，而入於大美的無言之境──的：道。」（拙著：「美學與藝術哲學論集」；外篇──詩是什麼：藝術的阿基米德點，379頁）而不是──"Not not to be."

為什麼會如此的呢？

因為──這乃是自：我心目中的「美」──「美感」所從之而出者。

因之──

藝術既是創造「觀念──永恆」形式（Form）的象徵美，又是創造「自然──所對」緣現（occasion）的透靈美：超越美──現實的超越美、美的超越；「樹之於無何有之鄉，廣漠之野，安排而去化，乃入於寥天一。」（莊子）

這「透」出了──人，在追求那真實的美──美的本身（Beauty-self）。但是，那最後的美的真實，又是什麼呢？你想創造什麼樣的美？你要創造什麼美？你要「表現」的美，不僅是「情感」上的那點兒幻想的「透徹玲瓏」，而心靈世界的「空中之音，相中之色，水中之月，鏡中之象」的美，也要在你的美的「形相」中，美的「意態」中，美的「生命」中，美的「愉悅」中，美的「無限與永恆」中，得到透入而又透出的：「觀照」。因為「只有浸淫在真理中，並使之生動，具現為作品、才能以無比的力量捕捉我們。」（索忍尼辛：為人類而藝術）

宗教、藝術──與詩：在創作中，是內在生命大大的動力；而哲學，則把它們會歸到一個高度的最後的真實之上；而科學，則又把它們散落在一個深度的最初的「大千世界」──的原始概念之中。然而，一切崇高的「心念」，都是經由美的形式與內容去創造──得到表現與完成、開花與結果。「美，就是一中見多，它反映了宇宙全體的美。」（愛默生：論美）

人，對──「美──美的」感覺到、感受到、感知到、感動到、感透到的「存在」，也有其不同方式。在不同方式的不同層次中：人，從習性的美，到知識所對的美──宗教信仰的美、哲學理性的美、科學經驗的美、藝術想像的美、道德意志的美、到生命──本然的美、精神昇華的美、理想意象的美；實在是層出不窮，它可以讓人類對美的──「愛」之追求，級級上達到無限的美──「美」的無限的永恒。因為愛，就是「美」在宇宙生命中本然存在的起點。

所以──

美：從──愛，開始。從「美」──美的本身，到「美的」──美感，一開始就生長在人類生命的愛中。孔子認為美是在宇宙之愛的──天地「生生」不已的「乾坤相並俱生」的宇宙生命的美之愛中。柏拉圖認為「愛，是達到美的至高手段」。沒有愛，就沒有「美→美的」；有了愛，才有「美的本身→美感」在宇宙萬般生命的愛中存在著。

「美，與美的」的問題，是從美的平面問題到美的立體問題：是從常識知識的美、宗教知識的美、哲學知識的美、科學知識的美、藝術知識的美、道德知識的美而到生命的美‧理想的美，再向上就是美的永恒，美的無限與美的超越──美的心靈世界。「一切藝術，都是從體貼生命之偉大處得來的，要把宇宙人生看成純美的太和境界。」（方東美先生：中國人生哲學概要）人在──「愛」中，才對「美」──有所「感──受」，也才真有所發現。托爾斯泰曾告訴羅曼羅蘭：「祇有和人類關聯的藝術，才是最美的。因為人類的愛，比藝術的愛存在得最早。最美的理論，只有在作品中表現出來時，才有價值。」（羅曼羅蘭：托爾斯泰傳，傅雷譯）

所以，要「談」美，要「論」美，要使生命站立在「美」的靈魂中，乃為「當行」，乃為「本色」。反之，則為科學的宦官，或藝術

的僭越者。

　　美感經驗的天性——是要從一般的「快感」進而爲「美的快感」，從美的快感進而爲「美感」：無關心的滿足，無所爲而爲的觀賞——直覺的透出。因爲美感——還有一個透圓世界的「靈明」而又「未易言盡」的世界：所謂「大漠孤煙直，長沙落日圓」尙足以似之。這種透入而又透出的直觀，眞的是要——「漠漠輕寒上小樓，曉陰無賴似窮秋，淡煙流水畫屛幽。自在飛花，輕似夢；無邊絲雨，細如愁。寶簾，閒掛小銀鉤」的「鉤」中透入而又透出的直觀者，尙足以似之。

　　審美的情感——對鮑桑葵（Bernarrd Bosanquet）來說：「藝術，在激發我們身心之感應——情感：體現於心靈所對之事物中；其一般性質，則爲靜觀與創造。」（美學三講）柯林烏則認爲：「藝術，在理論上是想像；主體行爲是想像，客體是想像的客體；想像的獨特——或經驗行爲，創造了客體。藝術，在實際上是美的追求，在情感上是美的享受。」（藝術哲學大綱）美感，是一種純粹的情感，心理的一種特殊基本功能。它從平面心理的表象世界而走向高度心理的立體世界：既異於表象與思想作用，又異於欲望與意志作用。美感——的根本原理：在我們所經驗的純粹的情感之「無所爲而爲」的滿足，全然不計利害，不帶欲望。所以，「我們要把康德平舖的三分才能論之心靈直豎起來，看成完整的心力，使之具有內在動性發展的脈絡：感性可以上達悟性，悟性可以上達理性，互相銜接，始終一貫。在形上學的體系中，擴大理性的知識作用———方面與意志配合，可以創造道德世界；他方面與情感貫通，可以成立藝術世界；形成三界一體的大全宇宙。」（方東美先生：黑格爾哲學之當前難題與歷史背景）

　　所以——

　　在審美判斷中：藝術的形上理論、科學系統、社會意義、歷史功用、文化價值、人文理想等均須加以精密的考察，才能對美的概念以

及審美的情感有所反省與判斷而「觀照」之；以了解靜觀藝術對象與
自然時所生之美感中的眞實經驗，以及構成美感意識的感覺、意象、
想像、思考、意志、情感等複合建造而成的心靈結合體。

這眞是：「曉來雨過，遺蹤何在？一池萍碎，春色三分，二分塵
土，一分流水：細看來不是楊花──點點，是離人淚！

因爲──

美學，在西方的根本傳統中，是考察和思索美的根本性質與原理
和美的理想的學問。它本身，並不僅僅只是在研究創作中與欣賞中的
經驗分析問題。故所謂美學，可以把它分爲：㈠美的知識，㈡美的生
命，㈢美的精神，㈣美的理想等。

美──的創造，乃是生命的一種最高的自覺活動。今天，這種創
造美的最高的自覺活動──眞是：「夜中不能寐，起坐彈鳴琴，薄帷
鑑明月，清風吹我襟。孤鴻號外野，翔鳥鳴北林；徘徊將何見，幽思
獨傷心。」──「幽居觀大運，悠悠念群生」──「大雅久不作，吾
衰竟誰陳？」

因之──我們看：

美──的概念，在藝術中的創造可以作爲：（ ）對於經驗背後之實
體存在的透入，㈡作爲愉悅的工具，㈢作爲經驗的強烈表現。第一個
是透入一個面對的實體存在之會通、觀照與默想。第二個是強調人的
主觀反應。第三個是從社會、人生經驗的本身看藝術、藝術的本質─
─美的問題。藝術，使經驗豐富，並由其中引出新的經驗──前衛經
驗性的：美。

這──眞所謂：「孤帆──遠影──碧空：盡……唯見──長江：
天──際：流。」或足以爲美之三概念寫狀乎？不然，就只有在「星
垂平野闊，月湧大江流」中，「疏雨滴梧桐」了。

柏拉圖──的：「模仿」──是指：藝術，追求於模仿宇宙的理

型、觀念、永恒對象，而終於自我藝術生命的創造。他說的是：模仿；所要的：則是創造；從模仿中去創造，從有形中入於無形，從有限入於無限；柏拉圖只說了上一半，而把下一半留給藝術創造者。他甚至從反面暗示：藝術──不止於模仿宇宙的理型、觀念、永恒所對；而是在：創造──宇宙的理型、觀念、永恒所對。在這一辯證的思考與表達中，把藝術從模仿的意義，提高到獨特的創造意義。

柏拉圖──的：這種「本質──而理型」的模仿──的「美」的理想之創造：實在是「星臨萬戶動，月傍九霄多」！何眾生之不能「無邊落木蕭蕭下，不盡長江滾滾來」呢？（請參見：拙作「西方『美』的血緣學：柏拉圖的『理想』美學──載「美學與藝術哲學論集」，155頁－239頁）

審美判斷的價值──在西方，乃審美判斷之目的：人的主體心靈對美的客觀之所以為美的論定。

美──的審問之價值，有二：一為美之性質，一為審美判斷。「美之性質」（The nature of beauty）乃被判斷者的一種性質，非純主觀，亦非純客觀，乃主客相融。這種主客合一，心物合一，天人合一的──美：是因為「語言與藝術，老是不斷地在客觀與主觀相反的兩極之間擺動。」（Language and art are constantly oscillating between two opposite poles, an objective and a subjectiv pole." ERNST CASSIRER，An Essay on Man, P.177）這乃由於：宇宙包羅萬象、生生不息、永無終止──存在者與所存在者的：神奇奧妙之「美」，其性質所在，乃為兩者的變化殊方──美，是想落天外；感，是局自變生：乃為存在者與所存在者的──「整體存在關係」實質的表象──在審「美」活動中：心靈的愉悅、和諧、平衡、統一從宇宙生命主體到人的生命主體中的那一種天性的價值與緣現（Occasion），乃為永恒所對的至高攝受。「審美判斷」（The Judgment of beauty）

──心靈對於審美之判斷有二：㈠敍述判斷──事實：在解釋題材與內容，無賦加之主觀觀點。㈡賦予判斷──觀照：『理想』的價值判斷，此為純粹判斷所無。然──審美判斷：既非純理智的活動，亦非純情感的作用；乃二者結合，互相攝受，始謂之完全周延的審美判斷。

美感──之：美，乃直感所得者──「形象的直覺」。

美感──之：反應，乃濃厚的情感與超人的理智的一貫結合為緣現所攝受，成為具有深摯情感與根本智慧的反省判斷，以發現美的情感者與其所以為美者。這就是康德之認為：如果特殊事項已被給予，其判斷則在發現普遍的事物，以用來包涵特殊事項判斷，就是反省判斷，即是審美判斷，也即是情感判斷。

在審美判斷中，不管是「大言炎炎」，或「小言詹詹」（莊子·齊物論）的審美判斷之「風鳴兩岸葉」，而宇宙生命之「美的本身」──主體：「道」，仍然是：「月照一孤舟」。

然而，在中國人──之美的主體：「道」中所呈現的──是一個美的透圓世界。因為，美與學美的問題，在中國人，是一個從科學的美的經驗分析，到哲學的美的觀念的綜合，而到藝術的美的幻想的直覺──再向上時，就到：一種「言，無言」的一種「無言」之「言」，「名，無名」的一種「無名」之「名」，「象，無象」的一種「無象」之「象」。反過來：「無言，言」，「無名，名」，「無象，象」。這一種──超乎「言──名──象」的美：乃是超科學知識，超哲學知識，超藝術知識的──「言無言」、「名無名」、「象無象」的心靈境界美。因為「人，作為心靈，卻復現他自己。因為他首先作為自然而存在，其次他還是為自己而存在。觀照自己、認識自己、思考自己，只有通過這種自為的存在：人，才是心靈。美，是心靈產生和再生。只有心靈，才是真實的，只有心靈才涵蓋一切。所以，一切美，只有涉及這較高境界，而且由這較高境界產生出來時，才真正是美的。」

（黑格爾，美學，朱光潛先生譯）──美的心靈最高境界，就是我們中國人的「原天地之：美；而達：萬物之──理。」（莊子）──中國人文生命之美的表徵。

　　在不同的：詩、文學與藝術的各類理論知識範疇中，有一個更基本的知識──「美」的知識。美──的知識之：美，其主體性：一在美的知識之自足存在，一在美爲知識所託之美的生命。此二者，建構於美之「心靈」，存在於「人文化成」的「人」──之美的主體：「道」中。因之，在自然中，「人文化成」的人之美的主體：「道」──游於：「自然──藝術」的生命本身，其自主，在美的自我存在，不爲時空所限制、渾然與天地同流，它只需要那一生命之流，進入這一藝術生命之本身，才能找到：美的主體──「道」：在「人」的「人文化成」的宇宙中，無限而永恒的存在：乃在人的──「志於道──據於德──依於仁──游於藝（論語・述而）的──「道」中。

　　「美」──既不能離開它的存在物：人的對象而爲美；更不能離開它的存受者：人的心靈而爲美。「美」──是同時具有：美的存在者與美的存受者──人的心靈與人的對象兩者的「整體存在」──The whole world in one：主客相融、心物合一、身心一體、情理一貫、天人無間的永恒所對的至高攝受：綜合兼賅、廣大悉備的和諧美──所以：人與宇宙是一個純眞的「太和境界」──Comprehensive Harmony。這種純眞的太和境界之美的「存在」：表現在「從美對主體心靈的關係上看，美，不是困在有限裡的不自由的知解力的對象，也不是有限意志的對象。因而也就是把它們的有限性和不自由取消掉。」（黑格爾，美學，朱光潛先生譯）因此：人，在這個純眞的太和境界中，既要「澄懷觀道」（宗炳），又要「遷想妙得」（顧愷之），而「休乎天鈞」（莊子）。蓋「道：通爲───一。惟達者，知：通爲───一」（齊物論）。所以，「美」──的性質，和它的主體──「道」，是

要從它的美的內容與形式中顯現出來；離開了美的內容與形式，還是上達不了美的主體心靈至高境界。因此，在美的材料、形式與內容中所創造與發現的美：美的情感、美的表現、美的愉悅、美的意象、美的意想、美的意念、美的意境以至整個美的象徵，以及整個美的境界──是有其美的「性質」──美的主體性在其中。在這「美」的性質中，才宣告了它的主體：人──人的「人文化成」的美之理想：「道」之所存，「美」之所存也。因為「美，就是理念的感性顯現。藝術，是絕對精神之感覺的直觀形式。」（黑格爾，美學）故──「惟當澄懷觀道，臥以遊之。」（宗炳，畫山水序）者，始能得之；亦只有「遷想妙得」（顧愷之，畫論）者，始能入之而又出之。

　　故「藝術」──不僅在模仿自然，更在創造自然，尤在超自然，表現一個普遍永恒的觀念──理念、理型──「道」。因為藝術是精神──心靈主體對於物質的豫想勝利，是觀念、理念、理型透入物質，自然世界，而依他的豫想──「想像」，去把「物質──自然」從模仿而創造而超越以表徵之，以入於「完全」：道。這個「道」──是形上、本體、宇宙、現象、知識、歷程、價值、人生、藝術──詩、道德、宗教的整個的「通之為一」。所以，這個「道」──當澄：「懷」以觀之；亦當──「心」：其「臥」，臥其：「心」以遊之。故「達者，知通為一，而休乎天鈞。」（莊子）

　　我們從──一個中國人：來看「美」，美為「感性的美──知性的美──理性的美──神性的美──純美的：大美」的向上發展。故莊子謂：「天地有大美，而不言；四時有明法，而不議；萬物有成理，而不說。聖人者──原天地之：美；達萬物之：理。是故──至人，無為。大聖，不作。觀：於天地之謂也。」然而，都要以「情」去作為它的起點，使生命的情感世界，既能「應物象形」──藝術的內容，又能「隨類賦彩」──藝術的形式，以使人類生命「氣韻生動」──

藝術的生命；而「立萬象於胸懷，傳千祀於手下」——藝術的永恆與無限：此乃「道」之所存，「美」之所存也。所謂「藝趣妙極，未易言盡」——藝術之極詣，乃在超越世界中見之者，是在「備表仙靈」——藝術的神祕世界，「非淵識博見，熟究精麤，擯落蹄筌，方窮致理」——藝術的創造世界中，才是中國人所看到的：一個透圓的「美」的世界，乃在「澄懷觀道，臥以遊之」之中所呈現者：「窮理盡性，事絕言象，包前孕後，古今獨立。」如此，乃「不待遷想妙得也。」（顧愷之，畫論）

所以——

中國人——是在：一個美的透圓世界中，觀照「美」於宇宙與人的生命中：「美」的主體——人的「人文化成」的美之理想：「道」的各種層次之不斷上升和充實的問題。故孟子曰：「可欲，之謂：善。有諸己，之謂：信。充實，之謂：美。充實而有光輝，之謂：大。大而化之，之謂：聖。聖，而不可知之，之謂：神。故君子：所過者，化；所存者，神。上下與天地同流」。

所以——

中國人——「美」的主體：「道」是「人文化成」的人，不論在自然或在藝術中，其心靈皆「以妙性知化」。因「太始有愛，愛贊化育；太始有悟，悟生妙覺」。因為中國人——「美」的主體之「道」的「一種『意境』，不論景象虛實如何，其神韻紓餘蘊藉，其生氣渾浩流衍，其意趣空靈，造妙入微，令人興感，神思醉酡。中國哲學家之思想，向來寄於藝術想像、託於道德修養，只圖引歸身心，自家受用。」（方東美教授，哲學三慧）

所以——

中國人——的這個：人——對人、對社會、對自然、對心靈、對整個宇宙都有一種從「美」的：「觀照」中，去看的那種「凝神」而

「無所待」的──「獨與天地精神往來」，「上與造物者遊」的人之精神主體，自我上升的藝術境界──「以神遇，而不以目視。官、知止；而神欲行，依乎天理。」故曰：「所好者，道也；近乎技矣。」（莊子）這就是中國人從「觀照」中去「遊」於「無何有之鄉，廣漠之野」，而「入於寥天一」的這一種「怒而飛」──生命的自我向上──「提神於太虛而俯之」的逍遙境界。這種「美」，已不是知識上的美，乃超越了美的「知識」層次，已透過知識的美，上達了「美」──的｜純美──大美」的：美的「本然存在」之「觀照」宇宙於「心」──而為：「心齋」（莊子）的美的主體呈現：「道」之所在也。

　　所以──

　　中國人──儒家之「道」，自「易有太極」的乾坤之「元」而來。在「乾元」中，為萬物之始；在「坤元」中，為萬物之生；而以：「天」為統，「地」為承。故儒家的「大哉乾元，萬物資始」，乃指：美──在「乾」中。故云「乾始能以：美──利，利天下；不言所利，大矣哉！」故「乾」者，美之始，即美之「大生」，大生之美。故儒家的「至哉坤元，萬物資生」，乃指：美──在「坤」中，故云「陰（坤）雖有；美，含之，以從王（通天地人為王）事。」故「坤」者，美之生，即美之廣生，廣生之美。是以：乾──宇宙生命「大生」符號，美之始：健──陽剛之美。坤──宇宙生命「廣生」符號，美之生：順──陰柔之美。皆自宇宙至高之：美──太極而來。此儒家從宇宙生命時間遷流中，所觀照之無窮美也。故曰：「天地之大德曰生，生生之謂易。」

　　中國人──道家之「道」，自人法地，地法天，天法道，道：法──「自然」之道的：「常」而來。在「常道」中而為「無」，在「非常道」中而為「有」。「無」──名：天地之始者，常名。「有」──名：萬物之母者，非常名。「美」──當從「無」之：妙；「有」之；徼

中「觀」之。故道家「無，名天地之始」，乃指：美——在「無」中。故「無」者，美之始，亦美之「妙」。故道家「有，名萬物之母」，乃指：美——在「有」中。故「有」者，美之母，亦美之「徼」。且此：美之始者，美之妙也；美之母者，美之徼也；皆美在「徼——妙——玄——通」中入於「常道」之美，混而爲一，展現在「美」的——「玄之又玄」的「衆妙之門」的——「道」中，皆非「天下皆知美之爲美」的——「美」。此，可知：中國古代哲學家之極端重視「美」，而於「道」中全之者。此道家從宇宙生命空間擴延中，所觀照之無盡美也。故曰：「建之以：常——無有；主之以：太乙」。此「聖人者——原天地之：美；而達萬物之：理。是故：至人——無爲，大聖——不作。觀——於：天地之謂也。」

　　所以中國人——這種：

　　　　「美」的生命心靈主體：神思之「道」的展開——

　　　　「道」的這種美感的態度：神采。

　　　　「道」的這種美感的經驗：神韻。

　　　　「道」的這種美感的體氣：神會。

　　　　「道」的這種美感的理致：神理。

　　在我們這樣的凝「神」透視之中，是不能失落的。是乃——神其所神，入於神，而出於神；以傳神的至極境界：

　　　　入神——則「知，通於神」（莊子，天地篇）

　　　　出神——則「上神，乘光」（天地）

　　　　傳神——則以「應目會心，爲理者。」（宗炳、畫山水序）

　　　　此：「悟——對之：通——神也。」（顧愷之：畫贊）

　　　　如此——「理，入形跡，萬趣，融其神思。暢——神而已！」

　　　　（宗炳，畫山水序）

　　此——中國人：「美」的主體——「道」之「意境」，司空表聖

於其二十四詩品中已一一展現之：所謂「俱似大道，妙契同塵」的：自然——「俯拾即是，不取諸鄰，俱『道』適往，著手成春。如逢花開，如瞻歲新；眞與不奪，強得易貧」。眞是：「幽人空山，過雨採蘋；薄言情悟，悠悠天鈞。」者也。此乃表聖所謂：「意象欲出——造化已奇」者乎？「境生於象外」（劉禹錫）者，足以盡「意象欲出，造化已奇」者乎？此「奇」乃在「俱道適往，著手成春」之中也。

所以，中國人——「美」之主體：「道」，乃在「志於道，據於德，依於仁，游於藝」中，展現出中國人文文化的人文理想之：「美」。是乃荀子所謂：「身——盡其：故；則美」者也。盡其故者：全之，粹之者也。因爲「不全，不粹之不足以爲美也。」（荀子，勸學）

是以——「君子：所過者：化；所存者，神。上、下與：天地——同流。」（孟子）此：中國人——人文理想——「美」：「道」——的渾圓世界也；亦即莊子所謂：「天地與我並生，萬物與我爲一。」者乎？

所以——：

「羅門——蓉子」從這個：中國人——人文理想之「美」：「道」的渾圓世界中所「直透」而山的：「詩」——乾坤一體的「雄渾——沖淡」之「美」的——「日月的雙軌」的境象：這個「道」之美的呈現是要從：美學、藝術哲學、哲學、詩、文學、藝術、科學、宗教……的——「立體文化宇宙生命」之「美」的理想與觀點——以「觀照」：「哲學——科學——藝術——宗教——道德」的整體美之透現——「道」的：理想，就在「羅門——蓉子」的：「詩」中——這乃就是："A Poem should not mean, But Be."

然而——美的主體：道；美的主體性：人心之靈，還是要從美的經驗——審美的各種活動中向上層層追求，更要是從欣賞與創作——在欣賞與創作的功夫中以展開——道之「美」的：形上世界、本體世

界、現象世界、知識世界、價值世界、宇宙生命的永恒與無限。因為「一切美的光，是來自心靈的泉源。畫家詩人『遊心之所在』，就是他獨闢的『靈境』──皆『靈想』之所獨闢。」（宗白華教授：中國藝術意境之誕生）這就是：「羅門──蓉子」的：「詩」──的人文世界之：美。

　　在這個──「立體文化宇宙生命」之「美」的理想：「詩」──的世界中，是要從──「詩」的：美的內容與形式展現各種不同的立體文化宇宙生命之美於形、色、音、向、動、靜、空、時系統中，才能呈現美的主體性：「人心之靈」的美；和它的主體：「道」之美。這個美的「內容──形式」的立體宇宙，是生命的「情感──意志──理性」在「想像」中所創造的：「意象──意想──意念──意境」而到整個「境界」之美的渾圓世界完全的呈現：「直透」──在「羅門──蓉子」的：「詩」中。

　　在這個：「動──靜」一體的──「境界」的美中：「俱似大道，妙契同塵。」（表聖詩品、形容）的這個「塵」中「景象──形象──意象──氣象」──的諸貌之美：既要是──美的情感之表現須帶客觀性而為假象，又要是──美的情感之表現非定著於實象之上；而且，其創造的動機是為己而非為人，「無關心」於我以外的一切事物，全心全力將藝術創作者──「美」的靈魂投射於創作對象之中、之後、之上，以求藝術生命從作品中透現出：「無所為而為」的美──就在這個「空靈」的美中：「道」之美是無所不在。在這個無所指，而又無所不指的「美」中：A poem should not mean, But Be.所以，方東美先生說：中國人──美的主體：「道」的「一種意境，不論景象虛實如何，其神韻紆餘蘊藉，其生氣渾浩流衍，其意趣：空靈──造妙入微，令人興感，神思醉酡。」宗白華先生更說：「中國哲學，是就生命本身體悟：『道』的節奏。道，具象於生活，禮樂制度。道，尤

表象於藝。燦爛的『藝』，賦予『道』以形象和生命。『道』給予『藝』以深度和靈魂。

在這個：「動──靜」一體的──「境界」的美中：是在興寄、意象、隱喻、象徵、神話中的物我兩忘，渾然一體，物中有我，我中有物，物化情移，情移物化──直覺與知識相成，形式與內容相連，以「創造──表現」：「普遍＝特殊」──「永恒＝無限」的「美」：從特殊中展現其興味的永久性，可以觀賞了再觀賞，完全是個別性，但也是普遍的；更展現其價值的永恒性，可以創作了再創作，完全是普遍性的，但也是個別的。這個──具體而抽象，抽象而具體的：「美」──用「無」表現「有」，用「有」表現「無」；用最少表現最多──如不能「眞體內充」，又何能「大用外腓」？如不能「素處以默」，又何能「妙機其微」？這也就是劉彥和所謂：「思──理，為：妙；神：與──物：遊」是也的「美」：雖言在箇中，而又神遊象外。

在這個「動──靜」一體的──「境界」的美中──「詩」：必「繚轉附物，怊悵切情」，而「情必極貌以寫物，辭必窮力而追新」（文心雕龍，明詩），以達到在「指事、造形、窮情、寫物」中，使「味之者，無極！聞之者，動心！」（記室詩品）如此，乃知：「美」之者──乃在「妙」：萬物而為言；「悟」：萬殊之為一本，一本之為萬殊；一味「妙悟」──「入神」、「出神」、「傳神」、「悟對通神」而已！

蓋──若「知：道、非──詩：詩，未爲奇。」反過來：若「知：道，乃──詩；詩，方爲奇。」易言之：「知：非──詩詩；未爲──奇奇。」再翻過來：「知：乃──詩詩；始爲──奇奇。」此表聖詩品──詩賦贊之言也。我之所以從而標點以疏正句讀者，亦乃所以爲「羅門──蓉子」的：「詩」──之從「道」中直透而出的：「贊言」。故「羅門──蓉子」的「詩」者：「知：道，乃──詩；詩，

方爲奇」，且「知：乃——詩詩；始爲——奇奇」矣！「楊升菴集」載表聖此贊，改「知道」爲「自知」，雖未明「訓詁、疏注、詮釋」的句讀，然亦善解表聖詩品之爲何的人也。

　　這——就是：司空表聖的廿四詩品——不但品品都是「俱似大道，妙契同塵。」（形容品），而且品品都是「俱道適往，著手成春。」（自然品）因此，羅門的——「詩」表現了：「由道返氣，處得以狂。天風浪浪，海山蒼蒼。眞力彌滿，萬象在旁。」（豪放品）——「大道日喪，若爲雄才？壯士拂劍，浩然彌哀。蕭蕭落葉，漏雨蒼苔！」（悲慨）蓉子的——詩表現了：「道不自器，與之方圓。」（委曲品）——「忽逢幽人，如見道心。清澗之『曲』，碧松之『陰』。情性所至，妙不自尋。遇之自天，泠然希音。」（實境品）所以，「羅門——蓉子」的——「詩」的共同表徵乃在：「匪神之靈，匪機之微；如將白雲，清風與歸。遠引若至，臨之已非。少有道氣，終與俗違。亂山喬木，碧苔芳暉；誦之思之，其聲愈希。」（超詣品）之中。由之以「尋」「羅門——蓉子」的——詩：其「味外之旨，韻外之致」者，何也？故凡讀「羅門——蓉子」的——「詩者」：當知「辨於味，而後可以言：『詩』也。」與其「鹹酸之外，醇美者」（表聖：與李生論詩——書）又爲何如耶！亦當知這對夫妻詩人在「詩」的「詣極」上所造者，又爲何如？是以「詩」——必當「千變萬狀，不知所以神而自神也」（仝前），方爲極詣。此——「羅門——蓉子」的——「詩」：「空潭瀉春，古鏡照神；體素儲潔，乘月返眞。載瞻星辰，載歌幽人；流水今日，明月前身」。（司空表聖詩品、洗鍊）者歟？這就是——A Poem should not mean, But Be.

　　比較文學博士、詩人、散文家、文學理論家的師範大學外文系陳慧樺教授在「論羅門的技巧」一文中說：「讀羅門的詩，常常會被他繽紛的意象，以及那種深沉的披蓋力量所懾罩住……不管在文字上、

意象的構成上等等，羅門的詩，都是具有個性的。他的詩，是一種龐沛的震撼人的力量，時時在爲『美』工作，是一種新的形而上詩。」

羅門自己則在他的十大卷「羅門大系」（文史哲出版社印行）每卷之首寫下了：「誠以這系列中的十本書，做爲禮物，獻給同我生活四十年、在創作中共同努力、給我幫助最大的妻子──女詩人蓉子。每當我讀她的「一朵青蓮」與「維納麗沙組曲」等詩，那是我同其他詩人都無法只靠技巧與文字所能寫的詩──那是在人類高次元的情思世界中、以特有的內在生命機能與心靈纖維，所編織的具體可知、可感、可見的「雅典」「純摯」與「高潔」的情境，蘊含有宗教性的虔誠，在開放的內心感應磁場中，我的感動確實是超越常情與私情的；純粹是站在「詩」與「人」溶合的「天地線」上，所引起的；也不必在此故意隱瞞，因而，我這十本書，便不只是獻給我親愛的妻子──王蓉芷，也是獻給我敬愛的女詩人──蓉子。同時更是獻給所有愛護與關心我的讀者大眾，給我更多的批評與鼓勵。」

因此，我們──現在，要在：一個詩的心靈生命立體世界的現代建築多重「藝術『空──時』（Space－Time）」生命系統取向中的「形、色、音、向、點、線、曲、直、面、體、動、靜、隱、顯、方、圓、有、無」來看：──

「羅門──蓉子」這個：中國人──人文理想之美：「道」──的渾圓世界所「直透」而出的：「詩」──乾坤一體的「雄渾──沖淡」之美──「日月的雙軌」的──境象：「道」之美的呈現──之從：美學，藝術哲學、哲學、詩、文學、藝術──現代的各種立體生命藝術、科學、宗教、「人」的道德……對這個「立體文化宇宙生命」之美的理想、觀點、信念、踐形，奮不顧身以赴「詩」底──「前進中的永恒」存在：ENTITY，乃走向：「哲學──科學──藝術──宗教──道德」的整體「美」之透現出一個──「道」的理想──之「

美」，而在「羅門——蓉子」的：「詩」中以「觀照」：——之。

現在——我們：

看看羅門自己在——：

「羅門創作大系」——中的：「自我表白——」

我的詩觀與創作歷程

我的詩觀

一、詩在人類世界中的永恆價值

關於「詩」，這一被認為是人類生命與心靈活動最靈敏、深微、極致與登峰造極的思想力量；也是人類智慧的精華；甚至被認為是藝術家、文學家、哲學家、科學家、政治家、宗教家乃至「神」與「上帝」的眼睛，那是因為「詩」具有無限與高視力的靈見，能看到世界上最美、最精彩乃至永恆的東西。故曾有不少著名人物讚言過「詩」：

· 孫星衍的《孔子集語集解》說：「詩，天地之心，君德之祖，百福之宗，萬物之戶也。」（太平御覽八百四引詩緯含神霧）。

· 亞利斯多德說：「詩較歷史更有哲學性，更為嚴肅……」「詩有助於人性的倫理化」（顏元叔教授譯的「西洋文學批評史」22頁與36頁）。

· 法國詩人阿拉貢說：「詩，不是天國的標誌；詩就是天國。」（我個人早年的讀書筆記）

· 杜斯妥也夫斯基說：「世界將由美來拯救」（張肇祺教授著的「美學與藝術哲學論」集31頁）。此處提到的「美」字，使我想到詩將生命與一切推上美的巔峰世界這一看法時，那不就是等於說「世界將由詩來拯救」。

· 美前故總統肯迪也認為詩使人類的靈魂淨化。

　　事實上，詩在昇華與超越的精神作業中，一直是與人類的良知、良能、人道、高度的智慧以及真理與永恆的感覺連在一起的，故「有助於人性的倫理化」以及在無形與有形中，「將拯救這個世界」與人類；並使這個世界與人類，活在更美好的內容與品質之中。

　　誠然在這個世界上，若沒有詩，則一切的存在，都只是構成現實世界中的種種材料，譬如自然界中的山只是山，水只是水，都只是構成「自然界」種種材料性的物體；人的世界中，從事各種行業的人，都只是構成「現實生活世界」有不同表現與成就的各種個體，尚不能獲得其內在真正完美與超越的生命。這也就是說，若沒有詩，一切存在便缺乏美好的境界；陶淵明筆下的「採菊東籬下」，便像普通人採菊東籬下一樣，只是止於現實中一個有限的存在現象，不會聯想到「悠然見南山」的那種超物與忘我的精神境界，而擁抱到那與整個大自然共源的生命，超越時空而存在；王維也不會在觀看「江流天地外」，正在出神時，進入「山色有無中」的那種入而與之俱化的境界，而擁抱無限。

　　可見詩是賦給人存在的一種最卓越的工具，幫助我們進入一切之內，去把握存在的完美性與無限性。因此，詩也是使一切進入其存在的「天國」之路，如果這個世界確有真正的「天國」。我深信，當存在主義思想在二十世紀對生命的存在，有了新的覺醒與體認，對上帝的存在提出質疑，人類若仍堅持信上帝、神與天堂是人類生存所企望與嚮往的世界；是宇宙萬物生命的永恆與完美的象徵，尚可將一切導入永恆與完美的位置──「天堂」，則詩人超越的心靈工作的過程與完成，便正是使一切轉化與昇華到這一類同的世界裡來，還有誰較詩人更具有那種高超特殊的智慧與才能，能確實去執行那真正存在於人類內心中的華美的「天堂」之工作呢？事實上，一個偉大的詩人，在人類的內心世界中，已被認明是一個造物主，它不但創造了「生命」，而

且擴展與美化了生命存在與活動的無限境界，並創造了內心另一個華麗壯闊的精神「天堂」。同上帝的「天堂」相望。

的確，詩人在人類看不見的內心世界中創造了多項偉大不凡的工程：

1.創造了「內心的活動之路」

詩人在創作的世界中，由「觀察」至「體認」至「感受」至「轉化」至「昇華」的這條心路，不但可獲得作品的生命，而且也可使萬物的存在獲得內在無限美好與豐富的生命。

譬如當詩人看到一隻棄置於河邊的鞋時，經由深入的「觀察」、「體認」與「感受」這條心路，而聯想到那是一隻船，一片落葉，便自然使鞋的存在立即「轉化」且「昇華」爲對內在生命活動的觀照與無限的感知——顯示出存在的流落感與失落感，進而揭發時空與生命之間被割離的悲劇性，而引起內心的驚視與追思，於是那隻沒有生命的「鞋」，便因而變成爲一個具有生命的存在了；又如，當詩人看到一隻廢棄在荒野上的馬車輪，由於他的靈視能超越一般人只能看到的材料世界（只是一隻破車輪），進而透過詩中的「觀察」、「體認」、「感受」、「轉化」與「昇華」，這一「內心的活動之路」，便深一層看到那隻馬車輪，竟是轉動萬物的輪子，也是一條無限地展現在茫茫時空中的路——從它輪子上殘留下來的泥土看，可看到它通過無限空間所留下的痕跡與聲音，從它輪子上生銹的部份看，可看到與聽到它通過無限時間所留下的痕跡與聲音；當它此刻停放在無邊的荒野上，被詩人望成一種路，這種「路」，便絕非是現實世界中看到的具形與有長度的「路」，而是向內「轉化」與「昇華」爲萬物生命在時空裡無終止地逃奔與流浪的那種看不見起點與終點、也難指出方向的「路」——展示於靈視世界中的「路」，這種「路」，是吞納所有的鞋印輪印以及一切動向與涵蓋千蹤萬徑的「路」，引人類朝著茫茫的時空，走

入了深深的「鄉愁」，因而觸及那含有悲劇性與震撼性的存在的思境，獲得那「轉化」與「昇華」過後的更爲深入與富足的存在境界。又如詩人T.S.艾略特面對黃昏的情景，聯想成「黃昏是一個注進麻醉劑躺在病床上的病人」，那便是將「黃昏」這一近乎抽象的時間視覺形態，置入深入「觀察」、「體認」與「感受」中，「轉化」與「昇華」爲具有神態與表情的生命體而存在了，使我們可想見到整個大自然的生命，在此刻已面臨沉落與昏迷之境，而產生無限的感懷；又譬如詩人在面對死亡，寫出了「你是一隻跌碎的錶，被時間永遠解雇了」，詩中「跌碎的錶」，它將去記錄那一種形態的時間呢？詩中的「被時間解雇了」的生命，它將到那裡去再找工作呢？它將是何種形態的生命？沿著內心的追問，我們便的確可聯想到那消失於茫茫時空中仍發出強大迴聲的悲劇性的生命了，因而覺知到「死亡」竟也是一個感人的強大的生命體，這與詩人里爾克筆下『死亡是生命的成熟』，是一樣耐人尋味了。

又譬如當現代詩人寫下「群山隱入蒼茫」，或寫下「凝望較煙雲遠」，其詩句中的「蒼茫」與「凝望」，原屬爲沒有生命的抽象觀念名詞，但這個名詞，在詩中經過詩人藝術心靈的轉化作用，便不但獲得其可以用心來看的生命形體，而且也獲得其超物的更可觀的存在了。

從以上所列舉的詩，可見萬物一進入詩人創造的「內心活動之路」──由「觀察」至「體認」至「感受」至「轉化」至「昇華」，則那一切便無論是否有生命（乃至是觀念名詞）都一概可獲得完美豐富甚至永恆存在的生命。因而也可見詩人的確是人類內在生命世界的另一個造物主。

2.詩人創造了「存在的第三自然」

首先，我們知道所謂「第一自然」，便是指接近田園山水型的生存環境；當科學家發明了電力與蒸氣機等高科技的物質文明，開拓了

都市型的生活環境，自然界太陽自窗外落下，電氣的太陽便自窗內昇起，再加上「人為」的日漸複雜的現實社會，使我們便清楚地體認到另一存在的層面與樣相──它便是異於「第一自然」，而屬於人為的「第二自然」的存在世界了。

很明顯的，第一自然與第二自然的存在世界，雖是人類生存不能逃離的兩大「現實性」的主要空間，但對於一個探索與開拓人類內在豐富完美生命境界的詩人與藝術家來說，它卻又只是一切生命存在的起點。所以當詩人王維寫出「江流天地外，山色有無中」、艾略特寫出「荒原」，我們便清楚地看到人類活動於第一與第二自然存在世界中，得不到滿足的心靈，是如何地追隨著詩與藝術的力量，躍進內心那無限地展現的「第三自然」而擁抱更為龐大與豐富完美的生命。詩人王維在創作時是使內心與「第一自然」於和諧中，一同超越與昇華進入物我兩忘的化境，使有限的自我生命匯入大自然龐大的生命結構中，獲得無限；詩人艾略特在創作時，是與第一或第二自然於衝突的悲劇感中，使「生命」超越那存在的痛苦的阻力，而獲得那受阻過後的無限舒展，內心終於產生一種近乎宗教性的執著與狂熱的嚮往──這種卓越的表現，它不就是上帝對萬物存在於完美中，最終的企盼與祈求嗎？的確，當詩人的心靈活動，一進入以美為主體的「第三自然」，便可能是與「上帝」華美的天國為鄰了；同時我深信，只有當人類的心靈確實進入這個以「美」為主體的「第三自然」，方可能擁抱生命存在的深遠遼闊與無限超越的境界；方可能步入內在世界最後的階程，徹底了解到「自由」、「真理」、「完美」、「永恆」與「大同」的真義，並認明「人」與「自然」與「神」與「上帝」終歸是存在於同一個完美且永恆的生命結構之中，而慧悟湯恩比心目中的「進入宇宙之中、之後、之外的永久的真實的存在」之境，便也正是無限高超的輝煌的詩境。

　　當我們確認詩人創造了「存在的第三自然」，事實上也就是說，沒有「第三自然」，詩人便也沒有工作之地了，因爲「第三自然」是確實品管著詩人語言媒體中的「名詞」、「動詞」與「形容詞」是否能達成詩的要求，進入詩的世界。

　　譬如「窗」、「落葉」、「天地線」等停留在說明中的名詞，經聯想轉化使「窗」成爲是「飛在風景中的鳥」；「落葉」成爲是「風的椅子」；「天地線」成爲是「宇宙最後的一根弦」，方能出現詩。而此刻取代「窗」「落葉」「天地線」而更生的「鳥」、「椅子」、與「弦」，便只能在「第三自然」中出現，被詩眼看見，在「第一自然」與人爲的「第二自然」是不會出現的。同樣的，柳宗元將本應是獨釣寒江魚的「魚」這一名詞，在詩中轉化爲「雪」，寫成「獨釣寒江雪」，則這句詩便非寫給魚老闆看，而是給哲學家看，因爲他釣的是整個大自然孤寂荒寒的感覺。當然「雪」這個名詞，既不是「第一自然」山上的雪，也非「第二自然」冰箱裡的雪，便又只能在「第三自然」中出現，被詩眼看見，收留在詩中。

　　又譬如在視覺世界中我們用「看」這個動詞。當飛機飛在雲上的二萬呎高空，宇宙間神秘無比廣闊無限的景觀與畫面，若只平面用「看」是「看」不出來的，即使進一步用「讀」這一使眼睛有思想與立體視感的動詞，取代「看」，也「讀」不出來，只有以「跪下來看」，方能充份表現出內心對浩瀚宇宙所流露的那種無限虔敬與膜拜的感動之情，讓「跪下來看」的「看」這一動詞，進入 N 度空間便「動」出那有表情與神態的無限感人的「動」境。而當「看」改成「跪下來看」，也只能在「第三自然」方會出現，被詩眼當做詩的「動詞」收留下來。同樣的，在聽覺世界中，詩人張說寫「高枕聽江聲」用「聽」這個動詞，被大詩人杜甫換上一個也含有聽覺的「遠」字這一動詞寫成「高枕遠江聲」，便造成何等不同的聽覺世界，張說寫的仍停留在散文平

面說明的聽感世界──就是睡在枕頭上聽江水流動的聲音；而杜甫以「遠」字取代「聽」，「聽」的世界不但隱藏著江水流動的遠近距離感而且尚有景物移動變化的情景以及人陷入往事不堪回頭與茫茫時空中的悵惘之感；如此，聽覺的世界，豈不呈現出立體乃至N度更豐富與開闊的空間。當然這個「遠」字取代「聽」字的聽覺也正是存在於「第三自然」之中，被詩眼看見收留下來的。

再下來如「形容詞」，古詩人寫「白鳥悠悠下」，用「悠悠」這個形容詞，真是把美的白鳥，不但在飛中送進最幽美且鳴動著音韻的軌道，而且整個過程也美，白鳥也因「悠悠」的形容詞便更美得不可思議了，而這也都是在「第三自然」中被詩眼掃描進來的。如果寫「白鳥飄飄下」，用「飄飄」這一形容的動態，則不但飛的形態散漫不美，並將本來美的白鳥，反而變醜了。當然被詩眼監視的「第三自然」，是不會讓「飄飄下」這樣平庸不美的「形容詞」裝設在白鳥翅膀飛進來的。

的確「第三自然」已被視為是無所不在的「詩眼」，一方面幫助人類在無限超越的內在世界中，進入美與永恆的探索；一方面監視與品管著詩人手中使用的名詞、動詞與形容詞三個重要的創作媒體與符號。同時「第三自然」所建構的無限廣闊與深遠的心象世界，更是所有詩人乃至所有藝術家永久的故鄉與「上班」的地方。

3. 詩人創造了一門生命與心靈的大學問

譬如科學家面對「海」的存在，是在研究海存在的物理性──海的水質、鹽份、海的深廣度、海的產物、海的四季變化等。而詩人則多是坐在海邊觀海，把海看到自己的生命裡來，把自己的生命，看到海裡去；看到海天間的水平線，便發覺那是「宇宙最後的一根弦」；看到海上一朵雲在飄，便聯想「雲帶著海散步」，悠哉遊哉，畫面便也跟著顯映出王維與老莊來；凝望著海圓寂的額頭，便會聯想到哲人

愛因斯坦與羅素等人的額頭；將藍藍的海，看成宇宙的獨目，又倒轉來看人類的眼睛，最多望了百餘年，都要閉上，而海的眼睛，卻望了千萬年仍在望──望著人類的鄉愁、時空的鄉愁、宇宙的鄉愁、上帝的鄉愁；更神妙的，是浮在海上的那條天地線，幾千年來，一直不停的牽著日月進進出出，從未停過；而海也一直握著浪刀，一路雕過來，把山越雕越高，一路雕過去，把水平線越雕越細，此時，難怪王維要把「山色有無中」的境界在詩中說了出來。由此可見詩的確是探索與創造那埋在事物與生命深處的一門奧秘的「美」的學問。

從詩人在上面所提供的多項重大創造中，我們可看出詩的確是使人類與宇宙萬物的存在，獲得一種無限的延伸，一種有機的超越，一種屬於「前進中的永恆」的存在；同時也說明詩人終歸是在「上帝」的眼睛中為完美與豐富的一切工作的，尤其是當諾貝爾文學獎得主海明威喊出了這是迷失的一代；現代史學家湯恩比認為人類已面臨精神文明的冬季，則詩人的存在，便更是人類荒蕪與陰暗的內在世界的一位重要的救主了；並絕對地形成人類精神文明的一股最佳且永遠的昇力，將人從物化的世界中救出來，尤其是在廿世紀後現代掀起解構與多元化的理念，導致泛方向感與泛價值觀所形成失控與散落的生存亂象，也更有賴詩在超越與昇華中的開放的視野與統化力，穿越各種變化的時空環境資訊與符號，於「無形中」提供一開放的新的一元性，來協和「心」「物」進入一個新的美的中心，再度在詩所創造的人類內心的「第三自然」世界②呈現人本與人文精神新的形而上性，使世紀末「存在與變化」的飄忽不定的生存現象面的內層，仍潛伏著一種穩定的有方向感的「前進中的永恆」的思想動力，維護人類繼續對生存有信望有意義有理想目標與有內心境界的優質化生命觀。

在廿世紀，我們雖難阻止科技的威勢繼續不斷的向未來不可知的物理世界開展，並具威脅性地佔領人類的人文與心理空間，但機器仍

是由人主控的。人不能失去內心空間，屈服於科學的「帝國主義」；沒有詩與藝術，科學會變得粗卑與野蠻。人文思想如果被科技文明擊敗，則人在玩電腦，便也反過來被電腦玩。那時候，人追索的是「機器的兔子」，而非人的生命；人被迫逃離人內在生命的原鄉，這一波鄉愁較都市日光燈望著由田園菜油燈所產生的鄉愁更為激烈，是故，人不能不醒覺的讓溫潤的詩心與人文思想進駐入機器冷漠的心裡去；也就是在科技創造外在的「玻璃大廈」的同時，更以詩與藝術的心靈，建造起內在世界更為豪華與輝煌的「水晶大廈」，這樣，既可避免人類成為追索物質文明的動物與野獸，又可使人類活在有外在花園也有內在花園的理想世界中。

　　寫到這我想採取較捷便與快速的途徑，在最後重點地摘錄部份我過去寫的「詩話」，來凸現出「詩」在過去、現在與未來，在人類生命存在以及思想與智慧活動的世界中，永遠具有卓越無比的價值。

- ・作官與做生意的，往往只能使我們在陶淵明的「東籬下」，採到更多的「菊花」，但看不見「東籬外」更無限的「南山」；而詩能夠。
- ・詩能將人類從「機械文明」與「極權專制」兩個鐵籠中解救出來，重新回歸大自然原本的生命結構，重新溫習「風」與鳥的自由。
- ・詩能將人類與一切，提昇到「美」的巔峰世界。①
- ・詩能以最快的速度與最短的距離，進入生命存在的真位與核心，而接近完美與永恆。
- ・詩創造的美的心靈，如果死亡，太陽與皇冠也只好拿來紮花圈了；在我看來，詩已成為一切完美事物的鏡子，並成為那絕對與高超的力量，幫助我們回到純粹生命的領地。
- ・詩與藝術能幫助人類將「科學」與「現實世界」所證實的非全

面性的真理，於超越的精神作業中，臻至生命存在的全面性的「真理」。

· 詩在超越與昇華的美中，可使時間變成美的時間，使空間變成美的空間，使生命變成美的生命，使各種學問思想（包括科學、哲學、政治、文學與藝術）在最後都變成美的學問思想。

· 如果說在人類的生存空間內，優良的政治是硬體設備，則詩與藝術便是美好的軟體設備，更值得珍視。

· 古今中外，所有偉大的文學家與藝術家，他們雖不一定都寫詩，但他們不能沒有卓見的「詩眼」，否則在創作中便不可能看到精彩的東西，也不可能卓越與偉大，其實，他們都是不寫詩的詩人。

· 詩是人類精神世界的原子能、核能與微粒子。

· 詩在無限超越的N度空間裡追蹤「美」，可拿到「上帝」的通行證與信用卡。

· 詩是打開智慧世界金庫的一把金鑰匙，「上帝」住的地方也用得上。

· 詩與藝術創造人類內心的美感空間，是建造天堂最好的地段。

· 如果神與上帝真的有一天請長假或退休了，那麼在人類可感知的心靈之天堂裡，除了詩人與藝術家，誰適宜來看管這塊美麗可愛的地方呢？

· 如果世界上確有上帝的存在，則你要到祂那裡去，除了順胸前劃十字架的路上走；最好是從貝多芬的聽道，米開蘭基羅的視道，以及杜甫、李白與里爾克的心道走去，這樣上帝會更高興，因為你一路替祂帶來實在好聽好看的風景。

· 詩與藝術不但是人類內在生命最華美的人行道，就是神與上帝禮拜天來看我們，祂也是從讚美詩與聖樂裡走來的。

・將詩與藝術從人類的生命裡放逐出去，那便等於將花朵殺害，然後來尋找春天的定義。

・太空船可把我們的產房、臥房、廚房、賬房與焚屍爐搬到月球去，而人類內在最華美的世界，仍須要詩與藝術來搬運。

・世界上最美的人群社會與國家，最後仍是由詩與藝術而非由機器造的。

・沒有詩與藝術，人類的內在世界，雖不至於瘂盲，也會丟掉最美的看見與聽見。

・如果詩死了，美的焦點，時空的核心，生命的座標到那裡去找？

・「詩」是神之目，「上帝」的筆名。

從上述的這些「詩話」中，我相信不但可看見「詩」在人類生存世界中所凸現的可觀價值，甚至可呼吸到詩在我們人類生命中無比的重要性，離開詩，便事實上等於是離開了那具有豐富、美好內容的「人」與世界。同時也可看出我執著地寫了四十年的詩，仍要堅持下去，是有充份的理由的——寫詩這件具有宗教性的嚴肅的心靈作業，對我已不只是存在於第一層面的「興趣」問題，也不只是玩弄文字遊戲；而是對存在深層價值與意義的追認，令使我以生命來全面的投入與專注的問題。誠然，詩已成為我企圖透過封閉的肉體存在，向內打開且建立起那無限透明的生命建築。人的生命，在我看來已是一首活的詩：人從搖籃到墳墓的整個過程，是詩的過程；人整個存在與活動的空間，是詩的活動空間；人整個活動的形態，也是詩的活動形態。的確詩能確切地透視與監控著一切在「美」中存在。

二、詩的創作世界

(一)詩創作世界的基本認定

我認為詩不同於其他文學類型的創作，是在於：

1.詩的語言必須是詩的，具有象徵的暗示性；具有言外之意，弦

外之音。

2.詩絕非是第一層次現實的複寫，而是將之透過聯想力，導入潛在的經驗世界，予以觀照、交感與轉化為內心中第二層次的現實，使其獲得更為富足的內涵，而存在於更為龐大且永恆的生命結構與形態之中；使外在有限的表象世界，變為內在無限的心象世界。這也正是符合我內心的「第三自然螺旋型架構」的精神運作的基型──也就是將現實的「第一自然（田園）」與「第二自然（都市）」的兩大生存空間，經由心的交感轉化昇華，變為內涵更富足與無限的「第三自然」的景觀，詩方可能獲得理想與無限的活動空間。同時詩是藝術創作，必須具備下文所論談的高度的藝術性。

　　㈡**詩多向性（NDB）①的創作視點**

　　我主張多向性（NDB）的詩觀是因為詩人與藝術家是在「自由遼闊的天空」而不是在「鳥籠」內工作的。因為他拿有「上帝」的通行證與信用卡。故不宜標上任何「主義」兩字的標籤。同時任何階段的現實生存環境，以及創作上出現過的任何「主義」乃至古、今、中、外等時空範疇，乃至「現代」之後的「後現代」的「後現代」⋯⋯等不斷呈現的「新」的「現代」，對於一個具有涵蓋力的詩人，都只是不斷納入詩人超越的自由創作心靈熔化爐中的各種全面開放的「景象」與「材料」，有待詩人以機動與自由開放的「心靈」，來將之創造與呈現出新的藝術生命。所以詩的創作不能預設框限，不能不採取開放的多向性視點。

　　1.表現技巧的多向性：

　　　⑴可用由外在實像直接呈現法（以景觀境）。

　　　⑵可用自外在實像作形而上的表現法（以景引發心境）。

　　　⑶可將內心真實的感知，透過經驗中的實象，予以超越性的表

現（透過抽象過程，再現新的眞象世界）。

(4)可自由運用「比」、「象徵」、「超現實」以及新寫實、白
　描、投射、極簡等技法，乃至電影、繪畫、雕塑等其他藝術
　技巧，以加強詩的表現效果。

2.內涵世界表現的多向性：

(1)可表現事物在時空中活動的種種美感狀態（其中有人介入；
　也可無人介入，只是純粹的物態美）。

(2)可表現人在時空中活動的種種美感情境，這方面應偏重。因
　爲它是對「人」的追蹤。這項追蹤，可在現實的場景，也可
　在超越現實的內心場景；可採取「大知閑閑」與「小知閒閒」
　的追法；可追入記憶中的故土；可追入戰爭中的苦難；可追
　入都市文明；可追入腰帶以上、腰帶以下；可追回大自然…
　……甚至可把眼睛閉上，讓內心漂泊在沒有地址的時空之流
　上，緊追著那個從現實中超越而潛向生命深處的「原本」的
　人……。的確，凡是能引起我們內心感知的生命都去追，不
　必只限定在某一個方位上去追；可把內心擴大到目視與靈視
　看見有人與生命的地方都去追；甚至那躲在米羅、克利線條
　與貝多芬音樂中的看不見的「生命」，也不放過去追。這樣
　才能徹底與全面性地達到詩與藝術永遠的企意：詩人與藝術
　家應切實的到上帝遼闊的眼睛中，去展開多方面追蹤「人」
　與生命的工作。基於這一多向性的觀點，我曾經：

一透過戰爭的苦難──在「麥堅利堡」、「板門店38度線」、「
　火車牌手錶的幻影」、「茶意」、「TRON的斷腿」、「時空
　奏鳴曲」、「歲月的琴聲」……「月思」、「長城上的移動鏡」、
　「回到原來叫一聲你」、「遙望故鄉」、「炮彈‧子彈‧主阿
　門」與「世界性的政治遊戲」……等詩中，追蹤人的生命。

二透過都市文明與性──在「都市之死」、「都市的落幕式」、「都市的旋律」、「迷妳裙」、「咖啡廳」、「瘦美人」、「都市你要到那裡去」、「方形的存在」、「摩卡的世界」、「車禍」、「提007的年輕人」、「傘」、「玻璃大廈的異化」、「眼睛的收容所」……等詩中追蹤人的生命。

三透過對死亡與時空的默想──在「死亡之塔」、「第九日的底流」、「流浪人」、「鞋」、「睡著的白髮老者」、「車上」、「看時間一個人在跑」、「誰能買下那條天地線」、「回首」、「出走」等詩中，追蹤人的生命。

四透過對自我存在的默想──在「窗」、「逃」、「螺旋型之戀」、「天空三境」、「傘」、「存在空間系列」、「有一條永遠的路」、「光住的地方」……等詩中，追蹤人的生命。

五透過大自然的觀照──在「山」、「河」、「海」、「雲」、「樹與鳥」、「野馬」、「觀海」、「曠野」、「溪頭遊」、「海邊遊」、「晨起」、「飛在雲上三萬呎高空」、「一個美麗的形而上」、「大峽谷奏鳴曲」與「過三峽」……等詩中，追蹤人的生命。

六此外透過其他的生存情境──在「光穿黑色的睡衣」、「美的V型」、「鑽石的冬日」、「悼佛洛斯特」、「都市的五角亭」、「重見夏威夷」、「餐廳」、「教堂」、「女性快鏡拍攝系列」、「手術刀下的連體嬰」、「海誓山盟」、「漂水花」、「完美是一種豪華的寂寞」、「悲劇的三原色」、「文化空間系列」、「詩的歲月」、「給藝術大師──米羅」以及「給青鳥」等詩中，追蹤著「人」的生命。

的確，從我第一首詩「加力布露斯」開始，三十年來，我是一直在現實或超越現實的內心世界中，透過詩以目視與靈視探望與追蹤著

「人」的生命。並且一再強調的說：「凡是離開人的一切，它若不是死亡，便是尙未誕生」。而詩與藝術是創造「生命」的一門學問，凡是遠離「生命」的詩，只依靠知識化與腦思維機件所製作的任何藝術與詩的場景，都難免產生隔層、冷感與不夠眞摯；因爲呈裸在陽光下的綠野，同經設計拍攝出現在電燈光下的銀幕上的畫面式綠野是不同的。這也就是說，在詩的創作中，直接以「生命」進入與以腦製作成知識化的「生命」進入，是不同的。而我特別重視前者，因爲詩人必須將他的生命，送進時鐘的磨坊，去收聽生命眞實的回音，去永遠同人與生命對話，來從事詩的創作。否則，詩與藝術將失去最後的最主要的存在意義；甚至形成有沒有詩都無所謂的念頭。很多詩人都是因此停筆的。

　　(三)詩語言新性能的探索

　　1.由於人類不斷生存在發展的過程中，感官與心感的活動，不能不順著這一秒的「現代感」，往下一秒的「現代感」移動，而有新的變化。這便自然地調度詩語言的「感應性能」到其適當的工作位置，呈現新態。否則，便難免產生陳舊感與疏離感。這可證之於年代越靠近三十年代的詩的語言，其疏離感之比例數便越大。

　　2.詩人能切實把握詩語言新的性能與現代感，即是抓住詩語言「入場券」、靠近「現代人生存場景」的最前排優先的位置，較具有「貼近感」。在此舉個例子：

　　　・「用咖啡匙調出生命的深度」

　　　・「要知道下午　去問咖啡」

　　　・「咖啡把你沖入最寂寞的下午」

　　顯然的，第一句是相當深刻，但其語言的形態與活動的空間，放在現代越來越偏向「行動化」的急速度生活環境中，似乎是不夠新與

不太適切了，那像是六十年代詩語言的貨色；第二句是抓住現代人生存於焦急的行動性以及「問」與「答」的實態，迫近生活自然呈現的實況，語言的呼吸、氣息與節奏，也化入現代人生命活動的脈動與意態之中；第三句，則更直接地向現代生活的「核點」投射，尤其是動詞就採用沖咖啡的「沖」字，既可使語言的動感與動速同現代人生命與機械文明活動的外在環境之動感與動速相一致，又可同古詩「黃河之水天上來」緣發與直感性的詩貌相應對：一是表現古詩人對大自然的直觀情況；一是創造這代人新的生存意境。從上述的三句詩中，可看出詩的語言是一直在追索它的現代感、它新的機能，以便有效地表現一切存在（包括大自然與都市）的新貌；否則停滯在陳舊的狀態中，失去較佳的吸力，是可見的。

㈣詩語言活動空間的擴展與建構

當現代詩人從古詩人偏向一元性自然觀的直悟境界，進入現代偏向二元性與多元性的生存世界；從寧靜、和諧、單純的田園性生活形態，進入動亂緊張、複雜、焦急的都市型生存狀況，接受西方現代科技文明的衝激，以及物質繁榮的生活景觀之襲擊，所引發人類官能、情緒、心態與精神意識的活動，都是以大幅度、大容量與多向性在進行，古詩的形態與「境界模式」，是否能擔任得了現代人龐雜的生存場景與心像活動的新型「舞台」呢？所以我覺得可考慮採取其他藝術的性能來擴展與構架現代詩語言活動的新空間環境──譬如我十四年前便已採用後現代解構觀念在「曠野」詩中，曾企圖使用立體派多層面的組合觀點以及採取半抽象、抽象與超現實的技巧，與「電影中有電影」（就在詩中溶入一首可獨立又可息息相關的詩）多元表現的手法，使詩境內部在施以藝術性的設造過程中，獲得較具大規模與立體感的結構形態，有如大都市建築，所呈現層疊聳立的造型美與展示出多層面的景觀。這樣做，當然是一種偏向於藝術性的構想──試圖把

詩的「體態」，進一步當做藝術的「體態」來營造。看來顯已有目前
出現的後現代創作的解構形態，再就是在一九九二年寫的二百多行長
詩「大峽谷奏鳴曲」更是一首採取多元組合的立體空間架構觀念，企
圖跨時空跨國界跨文化與藝術流派框限，以世界觀與後現代解構觀念
所寫成的詩。

　　的確，一個現代詩人能不斷注意與探索詩語言新的性能與其活動
新的空間環境，他便是不斷的持有創造性的意念，這一意念，將使所
有停留在舊語態中工作的「比」、「象徵」與「超現實」等技巧，必
須有所改變與呈示新的工作能力。譬如你在海灘上看到男女穿著泳衣
在陽光與海浪中相擁抱，寫出「只有這種抱摟，才能進入火的三圍」。這
句詩，在表面上看，是用「比」，其實是溶入了「象徵」與「超現實」的
質素而表現的，使詩語言更具行動化且快速地擊中現代人心感世界的
著火點。相形之下，五十年代六十年代所用的語言技巧，在此刻看來，都
難免吸力與動速不太夠了。因此我認為做為一個現代詩人，應有銳敏
的「現代感」，去發覺詩語言所面臨的新環境及在創作上所發生的一
切可能性，以便運用最確切的語言媒體與方法，展現出具有新創性的
世界來。同時我認為詩人與藝術家面對傳統所採取的態度，絕對的決
定了他創作的生命：凡是躲在「傳統」裡不出來的或逃避現代生活現
場的詩人，他絕領不到具前衛性的「創作卡」。現代詩人接受傳統是
基於本質而非形態的。他最關心的是專一的站在此刻的「我」的位置，去
面對整個世界與人類的生命，發出一己具「獨特性」與「驚異性」的
聲音，而與永恆的世界有所呼應。他在詩中，不放「長安」與「長衫
馬褂」等字眼，照樣可把古詩傳統的質素吸收進去。譬如當我們讀了
「江流天地外，山色有無中」、「黃河之水天上來」，與讀了現代詩
「你隨天空闊過去，帶遙遠入寧靜」、「咖啡把你沖入最寂寞的下午」，
是否發覺它們之間也有某些相同的質素？甚至進一步看出現代詩人站

在自己生存的新時空中，穿越「傳統」與「現代」，進入此刻全主動性的「我」的發言「位置」──也就是進入新創性的語言環境，使現代詩不但呈現出異於古詩人的心境，而且也呈現出詩語言同存在與變化的時空相互動所產生的新的形態與秩序感。誠然，一個具有創造力的現代詩人與藝術家應該是有魄力與勇於將「古、今、中、外」溶解入自己這一瞬間的絕對的「我」之中，去重新主宰著一切的存在與活動，以新的形態出現，並使之同永恆的感覺發生關聯。完美與卓越的事物，最後總是開放給全人類共享的，也絕限制不了它的範圍。因此詩人與藝術家的創作理念，不能不持世界觀。

三、要成為一個真正乃至偉大的詩人

1. 他除了有不凡的才華與智慧，以及對藝術盡責外，也應該是一個具有是非感、良知、良能與人道精神的人；如果做為一個詩人，沒有正義感、鄉愿、顛倒是非。做人都有問題，還做什麼偉大的詩人。

2. 他最了解自由，對世界懷有全然開放的心境，擁有遼闊的視野，守望著一切進入理想的世界，他除了關心人的苦難；更廣泛的工作，是在解決人類精神與內心的貧窮，賦給生命與一切事物，以豐富與完美的內容。

3. 他不同於賣藝者與雜耍者，是因為他向詩投資的，是藝術與生命雙方面的。也就是他必須寫出有偉大思想的詩，也同時寫出有詩的藝術思想的詩。前者是詩中具有確實感人的偉大思想；後者是詩中具有確實傑出非凡的藝術表現理念與思考力。若只有前者，將對藝術本身的生命有傷害；若只有後者，將便使詩變成一種高級耍巧的行為，失去「生命」內涵力的淵博感與偉大感，詩便難免浮面化，甚至淪為文字的賣藝者，同其他行業的賣藝者，沒有兩樣，而忘掉詩人是往心靈與生命深層世界去

工作的藝術家。

4.他必須具有對詩始終執著與嚮往的宗教情懷，不能被勢利的現
　實擊敗，若被擊敗，詩心已死，詩人都做不成，還談什麼偉大
　的詩人。

【附　註】

① 我所說的「美」，不只是快樂與好看悅目的一切。在詩與藝術的創作中，
　就是痛苦、寂寞、虛無、絕望、死亡與悲劇的人生，也潛藏有美感。像
　詩人波特來爾表現「地獄」陰暗的悽「美」之光，詩人里爾克說「死亡
　是生命的成熟」，都含有「美」的存在。可見深一層的美，往往是靠深
　入的心去沉思默想的。

② 關於此處提到「第三自然」與「後現代」「世紀末」的相關互動話題，
　可參照我系列論文集中較詳細的論談部份。

③ （NDB-NONE DIRECTION BEACON）是我在美國航空中心研習期間，
　看見的一種導航儀器，叫做「多向歸航台（NDB）」，飛機可在看得見、
　看不見的狀況下，從各種方向，準確地飛向機場。這情形，頗似詩人與
　藝術家以廣體的心靈與各種媒體以及高度的技術，將世界從各種方向，
　導入存在的真位與核心，這便無形中形成我創作上「多向性」的詩觀。

創作歷程

　如果說寫詩，我在中學時代（空軍幼年學校六年制，等於高中），
十六歲時，已開始在學校的壁報與校刊上發表過詩作。但那只是由於
愛好貝多芬與莫札特充滿了力與美的古典音樂以及也讀一些古詩與翻
譯過來的詩，加上我當時又做飛行員的夢……這些都無形中激發我內
心對生命產生熱愛與美的顫動力，而自然潛伏著對詩與藝術的喜愛與
嚮往。但我並沒有想會做什麼詩人，因為我的未來是飛行。

　至於我開始步上詩創作的路，那是在我進入空軍飛行官校，代表

空軍打足球傷腿，離開空軍到民航局工作，於民國四十三年認識早已
聞名詩壇的女詩人蓉子，在她詩情與愛情的雙重激勵下，才開始認眞
的寫起詩來的。

　　我的第一首詩「加力布露斯」，於民國四十三年被紀弦先生以紅
字發表於「現代詩」季刊封底，確引起詩壇的注目，曾有些詩友戲言：「
羅門你第一炮就紅了」。後來連續在覃子豪先生主編的「藍星」詩刊
上發表不少長短詩，接著在民國四十四年四月十四日星期四下午四時，與
女詩人蓉子在禮拜堂結婚，覃子豪先生特在公論報副刊的「藍星詩週
刊」上，以整版刊登他本人以及名詩人鍾鼎文、彭邦楨、李莎、謝菁
等人的賀詩，並在婚禮上由詩人紀弦、彭邦楨與上官予等分別朗誦，
紀弦先生並特別朗誦我的「加力布露斯」，確爲婚禮帶來不少詩的光
彩。覃子豪先生更在婚禮專刊上，讚譽我們爲中國詩壇的勃朗寧夫婦，成
爲佳話。直到現在。

　　這些慰藉與鼓勵在當時，加上蓉子婚後的溫情與彼此的互勉，我
便在詩神的安排下，以無比的狂熱與浪漫的激情，不停的創作，並成
爲藍星詩社的全人，以及後來主編藍星詩刊、年刊，與自民國六十五
年（一九七六）起，擔任藍星詩社社長，直至目前。

　　回憶四十三年（一九五四）我以第一首詩「加力布露斯」，步上
詩壇。當時在詩中對生命、友情、愛情與理想的追求，寫著『加力布
露斯！你的聲音就在風中嗎？你的視線是否在陽光裡……如果你回來
時，我已雙目閉上，那時心會永遠死去，黑夜會在白晝裡延長，海洋
也會久久的沈默，你知道歲月之翼，不能長久帶引我，在生命的冷冬，我
會跌倒於無助之中……』以及在「啊！過去」詩中，對時間的感懷：
『……你！過去，我心底往日的遊地……。在不同的追路上，昨日是
你，明天是我，唯有時間的重量，才能把我推倒後，帶交給你，而那
時，我是陷在長久無夢的沈睡之中，心是一無所感了……』；在「寂

寞之光」詩中所流露的戀情：『……在無光的多夜，我這裡通明溫馨，刻刻等你，我已熟悉你來時踏響我心的樓梯之音，如造訪的馬車的蹄聲，擊亮我深居的幽靜的庭園……』；在「海鎮之戀」詩中所表現的童時的憶念：『那海鎮，如南方巨人藍色寬邊帽上的一顆明亮的寶石，我童時的指尖，曾捕捉它的光輝……』……等這許多三十多年前想像力頗為任放與感性頗具衝激性的語言，都可說是道道地地的偏於浪漫詩的抒情傾向；在當時，雖也偶爾寫出一些相當單純與清晰的意象詩，如「小提琴的四根弦」詩中，對人生歷程的刻劃所寫的：『童時，你的眼睛像蔚藍的天空；長大後，你的眼睛像一座花園；到了中年，你的眼睛像海洋多風浪；晚年來時，你的眼睛成了寂寞的家。』……。然而在整體上看來，那時期我詩的語言，很明顯的，是處在浪漫詩的階程。或許「加」詩中的「你的聲音就在風中嗎？你的視線是否在陽光裡」已多少含有超現實的意味與感覺。直至四十七年（一九五八），「曙光」詩集出版的那一年內，連獲藍星詩獎與中國詩聯會獎等兩項獎後，才算是結束了我浪漫時期的作品。

　　四十九年（一九六〇），完成了長達一百多行的「第九日的底流」，詩中對生命與時空所激發出的回音：『……常常驚異於走廊的拐角，如燈的風貌向夜，你鎮定我的視度……當綠色自樹頂跌碎，春天是一輛失速的滑車……當晚霞的流光，流不回午前的東方，我的眼睛便昏暗在最後的橫木上，聽車音走近，車音去遠……』。這些語言，顯已把「曙光」時期浪漫情思外射的紅色火焰，向內收歛，而冷凝與轉化成為穩定與較深沉的藍色火焰。從此也開始走進抽象與象徵乃至含有超現實感覺等表現的路途上來了，當然，在另一方面，由於個人情思世界，隨著歲月而深廣，語言所經營的精神深廣度，便也不能不加強。尤其是當現代詩與現代繪畫，都正熱中於透過抽象過程，去深一層觸及內心的真實。所以緊接著這首長詩之後，我五十年（一九六一）到菲

律賓去訪問，寫了一首「麥堅利堡」，表現第二次世界大戰，死在太平洋中的七萬美軍的悲慘情景，因思想性的加強，語言的功能與活動的趨勢，便也加強。於是一種偏向於現代藝術表現主義的技巧，便自然的潛進「麥」詩中來。如詩中的『戰爭！坐在這裡哭誰，它的笑聲，曾使七萬個靈魂陷落在比睡眠還深的地帶；……太陽已冷，星月已冷，太平洋的浪，被炮火煮開也冷了……，血已把偉大的紀念沖洗了出來……，你們是不來也不去了……太平洋陰森的海底，是沒有門的……』。這首詩後來被國際UPLI詩組織譽為近代的偉大之作，頒獲菲總統金牌，確對我創作帶來一些激勵作用，使我也大膽地將詩推入更深廣的精神層面。

　　此後，在「都市之死」一百多行的長詩中，對現代都市文明進行透視所做的批判：『人們用紙幣選購歲月的容貌……，在這裡腳步是不載運靈魂的……凡是眼睛都成為藍空裡的鷹目……，人們在重疊的底片上，再也認不出自己……，沉船日，只有床與餐具是唯一飄在海上的浮木……，一具雕花的棺，裝滿了走動的死亡……』與在「死亡之塔」將近三百行的長詩中，對生命與死亡所發出的感慨：『你是一隻跌碎的錶，被時間永遠解雇了……，用右腳救起左腳，總有一隻腳，最後成為碑，成為曠野的標記……，當封在彈疤裡的久遠戰場，被斷臂人的尼龍衣裹住，我們即使是子彈，也認不出傷口……，當棺木鐵槌與長釘，擠入一個淒然的音響，天國朝下，一條斷繩在絕崖上……，鋸木聲叫著鳥，火焰叫著煙流，煙流叫醒域外，在域外，連歸雲都睡著了……』以及一些脫離了浪漫抒情時期的短詩：

　　　　．如「彈片‧TRON的斷腿」詩中表現戰爭冷酷的一些詩句『一
　　　　　張飛來的明信片，叫十二歲的TRON沿著石級走，而神父步紅
　　　　　氈，子彈跑直線……，當鞦韆昇起時，一邊繩子斷了，整座藍
　　　　　天便斜入太陽的背面……』

・如「車禍」詩中表現都市文明冷漠面，寫的一些詩句『……他不走了，路反過來走他，城裡那尾好看的週末仍在走……』

・如「迷妳裙」詩中，表現現代都市生活銳利的官能反應與特殊的視覺經驗，寫的一些詩句：『裁紙刀般，刷的一聲，將夜裁成兩半……』

・如「流浪人」詩中，表現現代人被冷酷的時空與都市文明放逐中的孤寂與落寞感，寫的一些詩句：『被海整得好累的一條船在港裡，他用燈拴自己的影子，在咖啡桌的旁邊，那是他唯一隨身帶的動物，而拉蒙娜近得比什麼都遠……，他帶著隨身帶的影子，朝自己的鞋聲走去，一顆星也在很遠很遠裡，帶著天空在走……』等，都不難看出我自四十七年拋開浪漫詩風過後，是急速且不斷地向現代新的生存層面、新的心象活動世界，去探索與極力塑造那具有「現代感」、「現代精神意識」以及至爲繁複、尖銳與具強大張力的意象語。我甚至相信強有力的意象語，是精神與思想的原子能，能在人類心靈中，產生無比的震撼力。

　　就因爲這樣，在那時期，我繁複的意象語，便也像是油井一樣，不可抑制的到處冒開來，形成我個人詩語言特有的氣勢與形態。詩人兼詩評家陳慧樺教授，曾評我當時的詩時說：「讀羅門的詩，常常會被他繽紛的意象，以及那種深沉的披蓋力量所懾罩住……，不管在文字上、意象的構成上等等，羅門的詩，都是最具有個性的。他的詩，是一種龐沛的震撼人的力量，時時在爲『美』工作，是一種新的形而上詩……」①；一位在政大任客座的美籍教授詩人高肯博士（W.H. Cohen）說：「羅門是一位具有驚人感受性與力量的詩人，他的意象燃燒且灼及人類的心靈，我被他詩中的力量所擊倒……」②詩評家蕭蕭在文章中說：「羅門的詩，有強大的震撼力，他差遣意象確有高人

一等之處」③；於不久前，詩評家張漢良教授更進一步的說出：「羅門是臺灣極少數具有靈視的詩人之一，他寫反應現代社會現象的都市詩，是最具有代表性的詩人……」④。上面這些對我激勵的話，都可說是對我自四十七年（一九五八）之後全面地投入「現代型」的心象世界，去探索與創造那具有現代感與獨特性的詩的語言世界，所產生的迴響。的確在語言探索與創造的漫長的旅途上，面對著的挑戰與體認，是夠多且不斷地發生的，嚴肅而深具意義。

　　當我從「窗」詩中的「猛力一推，竟被反鎖在走不出去的透明裡」這一現代型悲劇所形成潛在性的自我意識之困境，衝出去之後，「東方」與「中國」，在我心靈深處所潛伏的和諧的一元性自然觀，於經過現代西方文明二元性的生存觀之強大衝激，所產生的變動與蛻化，確實使我有所頓悟與產生不凡的意義：㈠東方與西方的文化，在現代，已非孤立與相排拒的存在；而是彼此不能不相互地吸取彼此的精華，去面對全然開放性的無限創造的境域。事實上也是如此，國際上兩位被公認的西方大雕塑家布朗庫斯與亨尼摩爾，便是吸取了東方的和諧感與圓渾感；同樣的，我國當代在國際上享譽的趙無極與林壽宇兩位畫家，也都吸取了西方在創作上的新觀念。這足可證明人類具創造力的「腦」與「心」，是絕不會去拒絕世界上所有美好的事物的。於是我覺得我那句詩工作的位置，對我來說，是有啓示的。它既不是重複陶淵明「悠然見南山」的自然觀；也非受制於西方理知與機械文明所分解的思考世界，而是站在東西方二大文化在「現代」的衝激中，企圖抓住人存在於原本中的精神實態與實境。這種歸向「人本」的緣發性與靈悟性，仍應是偏向於東方文化探本溯源的範疇，但它畢竟是從「現代」的位置，以新的形態與意涵偏過去的，於詩的創作精神世界，應有創新的意義的。㈡使我更有信心去面對與不斷發覺語言的新境域；而且確信語言的新境域，又將不斷更新詩表現技巧中的手法──諸如象

徵與超現實以及直敘白描等在創作中產生變化與呈現新態。譬如上述「窗」詩中的那句詩，不就在藝術表現中，呈示不同古詩乃至以往新詩的超現實的表現嗎？就是在使用比的手法中，蘇東坡的「好風似水」，固然比得很好，但做為一個現代詩人，在不同的時空中，對事物的觀察與思考，難免有不同的角度。於是當我在詩中寫「落葉是風的椅子」這樣的「比」時，是否因語言多加進了一個夢太奇掃描的「動感」鏡頭，便也因此在工作中增加效果呢，可見詩人對語言與技巧的探索與運用，是順乎詩人的心象，在不同的生存處境中活動，而不斷有新的發現與創見的。

綜觀全集，不難看出我在語言探索與創造的旅程上所努力與探求的方向：

1. 我的「語路」一直與我的「心路」永遠並行——這也就是說我的語言是我的生命通過「現代」的時空位置，對人存在於「都市」與「大自然」兩大生存空間所遭遇到的「生死」、「戰爭」、「自我」、「性」與「永恆」等重大生命主題予以對話與沉思默想，所發出一己的獨特的聲音；同時也更企求這聲音，必須與人類存在的生命相呼應。

2. 強調語言的「現代感」與個人獨特風格的建立——也就是說，我一方面在力求語言能進入現代官能與心態活動的新境與前衛的位置去工作；一方面更力求一己的語言在工作中的獨特性與新創性。

3. 從「曙光」的浪漫抒情，到「第九日的底流」、「死亡之塔」、「隱形的椅子」、「曠野」、「日月的行蹤」、「停止呼吸在起跑線上」、「有一條永遠的路」、「與誰能買下那條天地線」……等詩集，偏向於現代人繁複的心象活動所做的象徵、超現實、投射與直敘的表現，以及近年來，不少詩中採取較平易與

明朗（但仍強調其深度與密度）的語路……都大致可看出我語
言的走向──是由早期想像任放與較淺明的直敘的語態（如上
面列舉「曙光」時期的詩例）；轉變爲中期意象繁複繽紛複疊
與較深入的悟知語態（如上面列舉「曙光」時期以後的詩例）；
再就是後來大部份詩的語言，都盡力走上『有深度的平易性』、
『穿過錯雜的直接性』與『透過繁複的單純性』等的語路。

如在「晨起」詩中的語句：『站在頂樓／一呼吸／花紅葉綠天
藍山青……，此刻要是不飛／鳥那裡來的樣子』。

「茶意」詩中的語句：『……整個視野靜入那杯茶中，歲月睡
在那裡，血淚也睡在那裡，……沉在杯底的茶葉，全都醒成彈
片，如果那是片片花開，春該回，家園也該在……』。

「賣花盆的老人」詩中的語句：『他推著一車歲月，擺在巷口
賣，坐在盆外，他也是一隻空了卅多年的老花盆，直望著家鄉
的花與土……』。

「日月的行蹤」詩中的語句：『獨坐高樓看雲山，山看你是雲，
雲看你是山。山坐下來，連著地；雲遊起來，伴著天！』。

「海邊遊」詩中的語句：『……沙水時，雙腳是入海的江河，
嘩然一聲藍，雙目已飛起海天的雙翅……。歸帆把黃昏運回岸
邊，拋下一束沉寂，只有東南西北站在那裡偷看……』。

在「車上」詩中的語句：『張目是風景，閉目是往事，一回首，
車已離地去，身在雲裡，夢在雲外……凝望溶入山水，山水化
爲煙雲，煙雲便不能不了，事情總是這樣了的』。

在「摩托車」詩中的語句：『一條揮過來的皮鞭，狠狠的鞭在
都市撒野的腿上……』。

在「溪頭遊」詩中的語句：『山在雲中走，雲在山裡遊，你是
山，也是雲。雲遊，千山動；雲靜，山已睡了千年……。林鳥

穿過千樹，碰碎滿山的青翠，滴滴落入泉聲，是誰在彈古箏』。

在「觀海」詩中的語句：『飲盡一條條江河，你醉成滿天風浪；浪是花瓣，大地能不繽紛；浪是翅膀，天空能不飛翔，浪波動起伏，群山能不心跳……』

在「曠野」詩中的語句：『你隨天空闊過去，帶遙望入寧靜……，鳥帶天空，飛向水平線；人帶護照，逃往邊界；你帶煙雲，返回原來……』

在「漂水花」詩中的語句：「我們蹲下來，天空與山也蹲下來」。

　　從這些抽樣性例舉的語句中，可看出我目前語言的走向，的確是除了強調語言的現代感與新意；便是往較明朗、直接與單純但堅持精神深度與質感的方向發展，如前幾年寫的「傘」中，更是企求語言以「平易」、「自如」的「直敘」形態與勢能，進入詩中非常具有「現代感」與「行動化」的四個實視空間去工作。這四個實視空間，便是相關連、緊緊扣在一起發展的——「現實中的實視空間」、「記憶中的實視空間」、「超現實中的實視空間」與「禪悟中的實視空間」，茲將「傘」詩列舉於後：

他靠著公寓的窗口
看雨中的傘
走成一個個　　　　　　現實的
孤獨的世界
想起一大群人
每天從人潮滾滾的
　　公車與地下道
裹住自己躲回家　　　　記憶的
　　　　把門關上
忽然間
公寓裡所有的住屋

全都往雨裡跑　　　　　　超現實的
直喊自己
也是傘

他愕然站住
把自己緊緊握成傘把
而只有天空是傘　　　　禪悟的
雨在傘裡落
傘外無雨

　　這首詩，很明顯是運用白描直敘以及生活口語化與行動性的語言，所構成一潛藏在語言滑動平面下的立體空間，以表現出現代人生活在現代都市與內心深處至為嚴重的孤寂感。可見我是想把過去緊密的意象語，鬆開來，再度以看不見但較前更大的內壓力，緊緊抓住對象的要害。

　　從上面一連串闡述我詩語言在發展過程中，所遭遇、面對與呈現的，大致可看出我除了強調「現代感」（因「現代感」含有創作的三大卓越性——「創新性」、「前衛性」與「震撼性」）外，也注意到吸取古詩有機的質素與精華，尤其是它的精純感與緣發的直敘性，如：「克勞酸喝得你好累」、「刷的一聲，把夜裁成兩半（迷妳裙）」、「張目是風景，閉目是往事」、「猛力一推，竟被反鎖在走不出去的透明裡」、「逃是鏡中的你」、「鳥不在翅膀上，天空的上面是什麼呢？」、「雲帶著海散步」、「往事把車窗磨成一片朦朧」、「窗是飛在風景中的鳥」、「蹄落處，花滿地；蹄揚起，星滿天。」、「浪來天更高、浪去天更遠」、「海握著浪刀，把山越雕越高，把水平線越雕越細」、「涉水時，雙腳是入海的江河」……等都可說是已多少吸收了古詩的某些精華，並以開放的心境接受西方現代藝術思潮的影響，而全然轉化到具有我個人特殊風貌的創作世界中來，這也是我一直堅持的創作觀

點，那就是：『做爲一個現代中國詩人與作家，他首先必須是中國人，同時必須是現代的中國人，也必須是關心到全人類的現代中國人，最後更必須是他不斷超越中的獨特的自己。』

此外，我想順便說的，是在我的詩選集中，有兩首詩是以詩來寫詩論的詩：「門與世界與我的奇妙連線」一詩，是寫論詩的奇妙的想像力；「山的世界」一詩是寫構成詩世界中的「意象」、「語言」與「結構」等三大主要支柱。至於「古典的悲情故事」、「後現代Ａ管道」、「在後現代都市裡各玩各的」、「世紀末病在都市裡」以及「長在後現代背後的一顆黑痣」等詩，那是針對後現代目前的生存環境與藝文空間普遍產生的盲點，而以後現代詩的創作意識與形態，批評在泛價值觀與泛方向感裡已形失控、飄忽搖擺的後現代現象。並且在「有一條永遠的路」那首詩中，堅信人類創造的智慧，仍是帶有歷史感與深層的價值意義，永遠走在「前進中的永恆」的途徑上，繼續對人類在目前所呈現的後現代思想，尤其是後現代創作思想可能或已經偏向於「存在與變化」的低層次「消費文化思想」性格，提出警示與防範。因爲「前進中的永恆」，既可包容「存在與變化」，又可將之提昇入思想高層次的具有持續性（就永恆性）的存在與活動的境域，同思想家湯恩比的進入宇宙之中之後之外的無限眞實存在的精神世界有通連與交會。因此可見後現代以及未來的後現代的後現代，在「前進中的永恆」的詩創作無限地存在下去的精神思想的途徑上，都只是許多階段性的過程；而只有能確實通過階段性的過程，進入「前進中的永恆」的境域，方是一個詩人與藝術家以高度智慧從事人類精神文明事業的終極企求與目標。

最後，我想在此特別感謝文史哲出版社彭正雄先生，在嚴肅文學趨向極度低潮的時刻出版我創作的系列書。他付出的心力與這股盛情，我除了感激，更對他偏重文化不以營利爲主、從事出版事業所表現文化

人的高度素養與品格表以敬佩。當然更使我終生難於忘懷的是女詩人蓉子，他四十年來相處，給於我生活中的慰勉與諧和以及安定感，使我能專一的投入詩與藝術的創作世界。如果我的努力確實獲得某些理想的成就，則我對蓉子的感謝，便多出了一種感恩的心情。

附　語

在詩創作世界藝術表現的馬戲團裡，有各項表現。

⑴有人抱著感情，又歌又唱，又跳又舞，以綜藝的普通演技與格調，娛樂觀眾。

⑵有人以遊戲方式，玩耍撲克牌，手法明快靈巧，過程也精彩美妙，可說是十足的耍巧，如果比做拉小提琴，技巧到家，但弓只拉在提琴的弦線上，沒有拉心靈中的琴線。

⑶有人耍魔術，或把躺著的人，以遮眼法浮昇到空中，眞是魔幻般，使觀眾又迷又信又幻，稱好叫絕。但過後大家都猜疑甚至確定它不是眞的。或把人裝在箱裡，用鋸將箱子上下左右的猛鋸，最後人仍活著出來。過程雖然步步驚魂，但終是一場「製作」的虛驚。這兩種耍法，設計構想、手法都相當高明，令人嘆爲觀止，然而「藝術」的生命與「人」的生命，並沒有眞的接觸，再耍下去，還可加進科幻，增加效果。

⑷有人揮著鞭舞獅弄虎，在可見且帶驚險的現實距離裡。人與獸的對決，於技巧進行的過程中，是有驚心動魄的「眞」的生命介入的，其中也含有較高的代價與保險性，給觀眾在「技巧」之外，自然多出一層對人與生命的眞實關懷。唯一不夠理想，是與事實（現實）的距離過近。

⑸有人爬上「形而上」的高空，將眞的「生命」與「技巧」溶爲一體表現「高空飛人」。過程中秒秒的「驚視」，始終是跟著活的「生命」起伏的。更有人進一步，走在懸在生與死兩崖間的高索上，上

是高高的天空，下是死亡的深谷，周圍寂靜無聲，觀眾屏息呼吸在看，但看不見「花巧」的技巧，只看見怵目驚心的走索人，步步驚魂的走在他不能沒有的更高強的「技巧」中。而技巧雖也令人注目，但在注目中，更令人感動與震驚的，是帶著「技巧」一起走的走索「人」。如果將「電動玩具人」換掉肉體人在高索上走，情況便立即變化，絕引不起這樣強大的震撼效果，至多只產生(2)與(3)項「把玩」的一些驚奇。

在上述的五項藝術表現裡，我所選擇的，比較傾向於第(4)與第(5)兩項，於採取接近現實層面作業情況時，偏用第四項；於採取超越現實的「形而上」作業時，則用第五項。均因為我說過：「離開人的一切，若不是尚未誕生，便是已經死亡……我寫詩，不只是為創造一些美的形式與方法，更是企求人與自我的生命，也必須在那美的形式與方法裡邊」。因此，我向詩創作世界投資的是「生命」與「藝術」雙方面的；既不是單向走「為藝術而藝術」的路，也非單向走「文以載道」的路；而是將「藝術」與「存在的一切生命」，送入我受詩眼監視的「第三自然」世界，去溶合成「美」的生命思想與美的精神境界，所呈現出詩的藝術作品。我之所以採取這樣的看法，是因為如果詩只是為藝術而藝術，只屬於一種高級的文字技巧與遊戲，那同打球、下棋與耍魔術的有什麼不同呢？如果詩只是偏重「文以載道」，排拒詩高度的藝術性，那大可去寫道德經、方塊專欄以及散文乃至其他文章，何必寫詩？

至於我將四十年來的詩作，構想彙編成這一系列的詩集，同上述強調詩必須對「人」與「生命」存在，做深入的探索與沉思默想的觀念，是至為相關的，因為人做為詩人之前，他必須也是一個通過時空、接受人所面臨存在中的「戰爭」、「都市文明」、「自然觀」、「自我、時空、死亡」以及情愛與其他事物……等重大思想主題不斷挑戰的人，便也難免對這些不同的重大思想主題，分別在詩中進行著不同的對話

與發出不同的聲音。並自然形成各個不同的思想活動區，而也自然帶來我構想出這一以詩爲主的系列書的適當理由與動機。

【附　註】

① 見一九七一年「藍星年刊」陳慧樺教授寫「論羅門的技巧一文」。

② 見一九七一年「藍星年刊」一〇七頁錄用高肯教授的評語。

③ 見詩評家蕭蕭在一九八〇年故鄉出版社出版的「中國白話詩選」中寫的「心靈的追索者──羅門」一文。

④ 見一九八七年五月一日出版的「中外文學」雜誌，張漢良教授寫的「分析羅門的一首都市詩」。

這就是──羅門之所以要說：

　　詩──與藝術，

　　　　　需要：智識。

　　但

　　詩──與藝術，不是製造智識，

　　　　　　而是

　　創造·

　　　　生命

　　　　　　與

　　　　智慧

因此，羅門才說出了：「美」──是：

作爲一個具有創造與展望的中國現代詩人，他首先必須是一個領受過中國有機傳統文化的人，同時他必須是一個顯已生存在現代環境中的現代中國人，同時他也必須是一個關心到全人類存在的現代世界中的人，最後他更必須是他獨特的自己，唯有站在這一完整與複疊的精神活動層次上，才可望在詩的創作世界中，創造出那獨特且感人與

偉大的現代作品來。

所以，我說：

美──是：「想」落天外。

感──是：「像」自變生。

真的情趣，純的意象：美──的情趣與意象乃是對生命的徹悟與留戀。美，究竟是什麼呢？──是：「道」──生命創作的：「詩」是從形而下的「器」──現象世界中的向上追求宇宙生命的形上世界：道。

美，正在等待著你──「美，也將拯救這個世界。」（索忍尼辛，為人類而藝術）

這就是：在我心目中的「美」……。

為什麼呢？因為──：

美學，在「哲學」中，是一門「逍遙」於：

```
  形上學 ┐
  知識學 ├ 之間的「主體」生命的學問，它所追求的，是
  價值學 ┘
```

美的「情感」的自由，它要在：

```
            ┌─ 身體的美 ─┐
            │  自然的美  │
  天地的大美 ┤  藝術的美  ├ 整個生命大美的「理想」中
            │  社會的美  │
            └─ 心靈的美 ─┘
```

去找──美的情感的自由，才構成了美學的「美」的問題。「所以審美活動，它的本身就是一種目的。」（Grose, The Begining of Art）。

至於，美學在「科學」中，所要把握的問題，當然是「審美經驗」──「審美意義」──「審美判斷」等的不同角度，不同層次，不同面貌的不同知識的「美」的──現象的分析的不同問題。──「美」：的

──「表現」：形式。

　　藝術哲學，照我的體會──是討論藝術原理的學問。這個原理，也許是美學追求的「美」在藝術原理中，所構成的「規範」與「記述」問題的學問。規範問題，是討論藝術的各種規律、準則而成為藝術在技術上的問題。記述問題，是討論藝術創作的各種基件、環境與所生的活動以及活動者，所創造藝術作品的內容、形式、表現、情感、欣賞與判斷而形成社會的、文化的、精神的不同藝術的起源、發展、形構、影響等。

　　不管怎樣，藝術哲學不只是在藝術技術的現象層面問問題，更要走到技術現象背後去追問問題。它不僅要從「藝術」本身──向上去看，也要向下去看，更要向四方八面去看。因此──

藝術〔創造──觀念──永恒〕「情感」形式的「美」之：
　　　〔創造──自然──所對〕

　　　象徵──「表現」與超越

　　我們面對今天的人類，今天人類的藝術，打開人類歷史中的各頁，面對今天與未來，我們將發現的是什麼？──是：「藝術的僭越者」？還是「科學的宦官」？

　　這就是──為什麼？「羅門──蓉子」：「詩」──的「道」：是在宇宙生命創作：「詩」的形而上與形而下的一體中之：「美」的呈現──它既：「清空」，而又：「深微婉約」；既：「情必極貌以寫物」，而又：「辭必窮力而追新」；既：「慷慨以任氣」，而又：「磊落以使才」；既：「附理而切類以指事」，而又：「起情而依微以擬義」；既：「類繁而切至」，而又：「觸物以圓覽」；既：「擬容而取心」，而又：「斷辭必以敢」。

　　為什麼──：

　　因為──：

曾經或許有過的是一種抽象

只在冥想的世界中

留著永遠的可能性。

曾經或許有過的和曾經有過的

指向經常是現代的一個終點。

　　（Thomas Stearns Eliot 四首四重奏）

　　詩：沒有終點，永遠在：「過去──現在──未來」指向──宇宙生命本身的永恆與無窮，在創造中走向自己，完成自己，得到一個：宇宙生命本身的完全體現：形上、本體、宇宙、現象、知識、價值、歷程……的「直體」呈現：「理想」──道。

　　因為「詩──的終極目的，在乎：真理。」（Coleridge）。為什麼？因為──詩：追求存在本身與存在的方式，是在：「宗教、哲學、科學、藝術、道德」之上的一種至極生命的探索，而為人類文化的至高點（Omega）之透現歷史整體於全宇宙的：「沉思」中。

　　這──才是：

　　「不學詩，無以：言。」（論語，季氏）這個「言」在今天就是 Ezra Pound 說：「廿世紀的詩，我想將是反對──『廢話』的；它將更為堅實和──『清爽』，更接近骨格，儘可能像花崗岩一樣，其力量存在於其真理中」的那一種現代詩的語言：「不說廢話」、「堅實」、「清爽」、「接近骨格」、「像花崗岩」，「其力量存在於其真理中」。這就是我所謂：詩，是美在語言生命中的生長；詩，就是達到存在的一條線索。

　　我在──給羅門：

　　「藍星三十年的詩：路──歷程」一文（民國73年9月21日中西文化、10月26日商工日報）中，曾經如此的說：「藍星」──三十年來的：「詩」──路：歷程──已展現出「藍星」在詩的本質追求上

乃為──「詩」是美在語言生命中的生長。

　　「藍星」三十年來的：「詩」──路：歷程──已展現出「藍星」在詩的形而上世界中所追求的乃為──「詩」是達到存在的一條線索。

　　這種雙重而又是內外取向的追求：它所透現的，特別是從覃子豪在前期「海洋詩抄」的「追求」中──「一個健偉的靈魂跨上了時間的快馬」而到羅門的「第九日的底流」中──「啞不作聲地似雪景閃動在冬日的流光裏」已然「觸及永恆的前瞻」的「底流」之展現：「詩」──是在宗教、哲學、科學之上的一種探索，並以之投向藝術的至高點而透出歷史意識於全宇宙的沉思中。這就是人在宇宙時空生命遷流與擴延中的小我親切與大我普遍的同其永恆存在。

　　有一年，我曾寫給羅門一首詩──曰：

　　　　剎那的印象

　　　　──給羅門

　　當你眼神一連串心境灼閃著

　　美的

　　散落……打擊在

　　這一音符的那一個

　　旋視

　　之上……盤繞著的是

　　羅門──心靈世界

　　遠方的……回音乃：

　　「雙手被蒼茫攔回

　　一個死不透的世界」

　　這是──

　　我的眼直走你的眼

　　是你的「眼睛便昏睡在最後的橫木上」

「聽

車音走近

走在橫木上

的

底流

遠去」……

　　在遠去中——我還是用我對你「刹那的印象」作爲對「藍星」一個小小的祝福。

　　因爲詩與文學的歷久不衰的創作主題乃是對於生命及其無常與神秘所透過詩人與文學家心靈世界進入存在之無窮以對永恆所作的肯定，而不是否定；是向上，而不是向下；是超越，而不是停止在那裏不動。因爲——「詩者，天地之心，萬物之戶。」（孔子，詩緯，含神霧　）所在生命宇宙中生生不已的「動」，而於「易，无思也，无爲也；寂然不動。感，而遂通天下之故。」（周易，繫辭傳）的「易」中得之，以「妙萬物而爲言」的詩的：宇宙生命的語言。

　　今早，我又忽然想到——

　　詩人，就是要做夢

　　有時昏昏沉沉

　　有時要睡覺

　　有時跟鬼說話

　　有時跟神說話

　　此「神」，「神也者，妙萬物而爲言者也。」（周易，說卦傳）這就是「詩」——之所之也之所至極者也。「妙萬物而爲言」就是詩在宗教、哲學、科學之上把「天地之大德日生，生生之謂易」（周易，繫辭傳）的無窮宇宙生命投向藝術至高點的一種「美」的探索。所以愛默生說：「詩人是說話者，命名者，代表著美。他是完整的，獨立的，站

在中央，美是宇宙的創造者。」（論詩人）

因為「求物之『妙』，如繫風捕影，能使是『物』了然於『心』者，蓋千萬人而『不遇』也，而況能使『了然』於口與手者乎？是之謂『辭』達。辭至於能『達』，則『文』不可勝用矣。」（經進蘇東坡文集事略，卷第四十六答謝民師書）

「夫學詩，所以能言者，豈非以理達氣和，熟悉於列國之風土民情，有得清風暉好之旨，言之成文與？是三者，皆所謂能言矣，而不能盡是也。夫古聖賢立言，未有不取實於詩者也。道德之精微，天人之相與，彝倫之所以昭，性情之所以著，顯而為政事，幽而為『鬼──神』，求詩，無不可證。故論學論治，皆莫能外焉！故中庸言理之無聲無臭，其義精且密矣，而必即詩言以推之。孔子閒居，其辭美且盛矣，而必以近於詩者明之。其他如孝經之所述，禮記大學之所稱，坊記、表記，緇衣之所引，無不取徵於詩。何者？理無盡藏，非觸類旁通則無以見。夫詩者，觸類可通者也。觸類可通，故言無不盡，引而申之，其義愈道焉！」（劉孟涂集卷一，續詩說下）

這就是──我所謂的：「詩人，就是要做夢，有時昏昏沉沉，有時要睡覺，有時跟鬼說話，有時跟神說話。」這就是愛默生所謂：「詩人是說話者，命名者，代表著美。」這也就是我所謂：「詩是妙萬物而為言，是在宗教、哲學、科學之上把無窮的『生生』生命宇宙投向藝術至高點的一種美的探索。這種『美』的探索，觸類可通，言無不盡，引而申之，其義愈──『道』焉！」

因此，我的信念──「藍星」詩刊，在未來的時代，應該永遠是「過去──現在──未來」都在現代的創造中走向自己，完成自己，使中國這個詩的民族在「詩」的生命創造與孕育中，得到一個完全的體現。

我衷心祝福中國現代的詩，不管是寫那種現代新詩的朋友們，在

中華民族亘古未有的大災難中「可以云者，隨所以而皆可也。於所興而可觀，其興也深；於所觀而可與，其觀也審。以其群者而怨，怨愈不忘；以其怨者而群，群乃益摯。出於四情以外，以生起四情，遊於四情之中，情無所窒。作者，用一致之思；讀者，各以其情而自得。人情之遊也無涯，而各以其情遇，斯所貴於有──『詩』……」也（王夫之，詩譯）

　　因此，「思──詩，無邪」，「詩言志」，「詩者，志之所之也」，「不學詩，無以言」，「興於詩，立於禮，成於樂」，「詩，可以興，可以觀，可以群，可以怨」都是從創造與孕育宇宙生命語言的六藝人文世界中以發現生命宇宙的有限與無限，剎那與永恆，一與多；而且通向──「一，即一切；一切，即一」的中和大美的生命世界。

　　因為：這個藝術生命──藝術的精神生命：──

　　在康定斯基（Kandinsky）看來：乃是「藝術裏的關係，並不必然是外在形式的關係。藝術裏的：關係──是以『內在意義（意蘊）』的一致為基礎」。這就是：詩、畫以及雕塑、建築的美之追求，乃在顯現：宇宙生命本身的形上、本體、宇宙、現象、歷程、知識、價值、理想的「美」之追求：宇宙原理──道：的「顯現」。所以黑格爾說：「美，就是理念的感性顯現。」（美學，朱光潛先生譯）這也就是康定斯基之要說：「藝術的外在類似，是建立在本質的『真實』之上。藝術家是在尋求內在的真實中而考慮外在的形式：精神生命，是屬於藝術的，它是一個向前且向上的運動，一個在經驗中的運動，可以採取不同的形式。藝術的內在真實就是：靈魂。所以，凡是產生於內在需要──從『靈魂』所湧射而出的，就是：美。」（Concerning the Spiritual Art）這就是「心靈」──象徵：之「美」的獨照，乃以表象──「實在」的：美。因為「凡命定之物，皆應時而生。這就是說：創造性的精神（抽象精神）會找到一條通向自己心靈，然後通向

其他心靈的途徑，並且激起一種強烈的慾望，一種內心的衝動。」（康定斯基，論形式問題）這在柏格森的哲學──藝術哲學、美學就是「生命的奮進」──生命在時間綿延的直覺中，征服物質，以自我意識作爲自由行動中心──在永無窮盡的自我生命創造衝動的自由意志中「引導我們洞察透入存在本身面面相覷。」（柏格森：形上學導言，創造進化論，時間與自由意志，物質與記憶）。所以，這個「內在需要──內在意義」之：「美」的──象徵，乃是以「藝術之非理性，看不出的糾結與曲折，不可預見的發現：震撼──靈魂的衝擊。」（索忍尼辛：爲人類而藝術）這不是思想的邏輯程序所能達到的。因爲「藝術價值的判斷，一向就是哲學的。」（雅斯培：哲學家的達文西，王家成譯）

　　所以，藝術──是在：一個靈魂的宇宙覺識之中。這──就是：「詩」以及一切藝術的精神生命之所在，在顯現宇宙生命本身：「實在」之──「美」的完全：道。

　　因爲「宗教──是對世界一切未曾解釋的，而且毫無疑問不能解釋的事物的感情；是維護宇宙法則，保存萬物的不可知的力量的崇拜，是對自然中我們的官能不能感覺到的，我們的肉眼，甚至靈魂眼都無法得見的廣泛事物的疑惑；又是我們心靈的飛躍──向著無限、永恆，向著知識與無盡的愛──雖然這也是空幻的諾言，但在我們生命中，這些空幻的諾言使我們思想躍躍欲動，好像長了翅膀。」（羅丹：藝術論，葛賓爾筆記）這就是柏拉圖所說的：靈魂也長了翅膀。

　　這──乃就是：美之「主體」：道──所以爲美的永恆與無限的：象徵；而在美的「主體性」：人──心之「靈」中透現之。（請參看拙作：「中國人之美的主體」、「美的主體性」──「美學與藝術哲學論集」（文史哲出版社印行）故王微曰：「本乎：『形』者，融；『靈』，而變動者，『心』。靈，無所見，故所託不動。目，有所極，故

所見不周。」（叙畫）此，美的「主體性」——人之：心底靈，所以爲靈者乎？這個——「神祕，好像空氣一樣，卓越的藝術品，就沐浴其中。」（達文西：論繪畫）

這才叫做：「不多才不多藝的畫家（——藝術家——詩人），不值一讚。」（仝前）

當代功能派文化人類學大師馬凌諾夫斯基（B. Malinowski）之以文化爲神祕的實體，乃是「由個人的心理集合或完整，以形成一個超人的，但仍是精神的實體。」（文化論：費孝通譯，商務，民國三十三年重慶初版）因此，他相信「宗教是與人類基本的、生物的、生理的、內在需要的間接聯繫。它深深的生根於人類的基本需要，以及這些需要在文化中，得到滿足的方法之一。」（仝前）（並請參看：拙著——「論人」，三民書局出版）因爲——宗教的冥觀與藝術的想像，是人類生命在文化創造中的雙胞胎。爲什麼？

因爲——：

「宗教」——是要安放生命：它是信仰的秩序。在宗教的本質中，是以情感的思想作爲動力；乃在開發人類心靈世界的祕密；而且在人類文化的創造中，宗教是文化啓蒙的原動力。因爲宗教是在情感的思想之神祕要求中，所以它要從思想本身回到它的源頭，對世界採取整體、和諧、純本的看法。我們在人類這種原創性、原始性、原樸性的宗教文化生命中，所追求的是——宇宙存在的本然冥會：「思想的情感性質」。易言之，宗教是宇宙的本然存在：動力的文化，文化的動力，是原始性、原創性、原樸性的宇宙情。這種情感的思想是：文化的來源。所以，宗教是思想的情感性質的文化。

「藝術」——是要超越生命：它是情感的秩序。在藝術的本質中，是以想像的思想作爲探險，乃在追求生命的理想世界，而且在人類文化的創造中，藝術是文化表達的開拓力。因爲藝術一開始就是在想像

的思想之自由要求中。所以它要從思想中飛出來，而在「無何有之鄉」，大大「逍遙」一番。我們在人類文化這種情感的、想像的、自由的藝術文化生命中，所追求的是——宇宙存在的直透：「思想的想像性質」。易言之，藝術是宇宙的直透存在：探險的文化、文化的探險，是思想從思想中飛起來呈現一個美的世界。這種想像的思想是：文化的理想。所以，藝術是思想神祕性質的文化。

然而——「科學」——則是要理解生命：它是自然的秩序。在科學的本質中，是以概念的思想作為構想，建立自然的概念系統；而且在人類文化的創造中，科學是文化開展的結構力。因為科學是在概念的思想之建構中。所以它要從思想本身外向投入自然，設構一套客觀世界的符號系統。我們在人類文化這種概念的，證驗的，客觀的，分析的科學文化生命中，所追求的是——宇宙存在的概念系統：「思想的所對性質」。易言之，科學是宇宙的結構存在：概念的文化、文化的概念，是思想本身投向外在世界的自然中去構想一個外在世界的客觀系統。這種概念的思想是：文化的表象。所以，科學是思想概念系統性質的文化。

至於——「哲學」　則是要會通宇宙生命世界：它是理性的秩序。在哲學本質中，是以理性的思想作為規範，探求形上、本體、宇宙，現象、知識、歷程、價值、理想、至高智慧的一以貫之的「道」；而且在人類文化的創造中，哲學是文化形成的模式力。因為哲學是在理性的思想範疇中，托出思想本身，在「既超越又內在，即內在即超越」（方東美先生著：「中國哲學之精神及其發展」——序曲：導論）中，上達一個無窮的超越世界：「玄之又玄」（老子）的「重玄」的「妙徼」世界。所以在人類文化這種理性的、思辨的、體悟的、直覺的、妙徼的哲學生命中，所追求的是——宇宙存在的無窮觀照：「思想的理性性質」。易言之，哲學是宇宙存在的觀照：規範的文化、文化的

規範，是文化形成的模式力托出思想本身。這種理性的思想是：文化的範疇。所以，哲學是思想理性性質的文化。

「道德」，則在這四大文體系之上，與「美」結成爲一個整體：「善、眞、美、大、聖、神」的人文世界。

而且——因爲「宗教應該是『象徵的意義』」——顧及人類的理解，表達其古老底智慧。這智慧、是純智慧本身，凡新時代的實際科學（理論科學與應用科學）皆歸入其中，不相絕離。因此在古老智慧與後起智慧之間，只有和諧與意見之相類。因其大同小異而並行不悖；至於知識的進步——倘若還有說起這話——則確無關於實質，卻關係於靈魂的啓示與開迪。」（尼采：啓示藝術家與文學者的靈魂）

尤且——因爲「宗教之所退隱處，藝術便抬起頭來。藝術從此中獲得許多因宗教而生的感覺與情緒，加在自己心上，從此本身便更深沉，更充滿著生命。因此，也得傳布、昇華與超悟。」（仝前）

並且——因爲「各時代的藝術家，在其最高度的超然中，將那對於一種天神的光耀之幻想也提舉而上，這上面絕對底眞理之信仰。假如，根本地放棄這麼一種眞理之信仰，散去這居於人類知識與想像中的極端之彩虹；那麼，像這樣的藝術，如但丁的神曲，拉菲爾的繪畫，米開蘭基羅的壁畫，歌特式的教堂建築，這一派在作品上不但以宇宙底意義，而且以形而上底意義爲前提的藝術，就永遠不會重新被發揚。」（仝前）

這乃就是尼采之所以要把藝術導向宇宙生命本身的永恒象徵：乃在於——「藝術價值的判斷，一向就是哲學的。」（雅斯培：哲學家的達文西）這就是：「道者，萬物之奧。」（老子）「遊於藝」之在「志於道」（孔子）「所好者，道也；進乎技矣！」（莊子）「充實，之謂美。」（孟子）所以，宗炳要在：「畫」中——「澄懷觀道」以見出：「畫者，形天地萬物者也；從於心者也。」（石濤：苦瓜和尙畫

語錄）這個：「心」──藝術的精神生命──在導向宇宙生命本身的永恒：「象徵」──道：美的主體，乃是藝術──「詩」的最高：指著。

　　所以──「藝術──詩」："Is an ideal reconstruction of reality and an expression of the inner 'dynamic process' of human life"（Perpectives in Aesthetics, Edited by Pevton E. Richer, P.400）這就是──我看：「羅門──蓉子」的：「詩」在「美學、藝術哲學、詩、文學、宗教、藝術、科學、哲學、道德」中的：立體文化宇宙生命之美的：理想──「道」乃"A poem should not mean, but be"的道理。「羅門──蓉子」的：詩──在「動──靜」一體，「境界」的美中，把：意念──幽思之所託，意象──景物之所寄，意想──情致之所起，從：景象、形象、氣象的直觀感相的渲染與清澈中，透出：宇宙生命本身的「美」底「流動」──如司空表聖在他詩品的「流動」中說：「若納水輯，若轉丸珠；夫豈可道，假體遺愚。荒荒坤軸，悠悠天樞；載要其端，載聞其符。超超神明，返返冥無；來往千載，是之謂乎？」之在「靈魂」的交響曲中，其──「意境」：才不會是一個單層的平面的詩世界，而是一個──：「美學、藝術哲學、詩、文學、宗教、藝術、科學、哲學、道德」一體的機體建築結構的立體文化宇宙生命之美的：「理想」──「道」的不同的「自然」──渾圓的「自然」的展現。我們發現在這種「境界」中的「意境」之美的展現：幽思之所託的意念，景物之所寄的意象，情致之所起的意想──是要靠：平素的學問與精神涵養、天機的培植、心靈的飛躍與潛藏，凝神寂照的體悟，與詩的生命語言之美的追求，這也就是「羅門──蓉子」之能在「詩」中創造與建立：「羅門──蓉子」詩的──宇宙生命本身而乃能──「觀古今於須臾，撫四海於一瞬，籠天地於形內，挫萬物於筆端」（請參閱──拙作：「中國人的觀」、「觀的意義層次」、「人

在天地之美中的觀——撫——籠——挫」三文載「美學與藝術哲學論集」：428－444頁）——寫出了：——

天
地
線
是
宇
宙
最
後
的
一
根
弦
　在
一朵青蓮
　中：

擎起——

創造出：詩的生命的語言之美在宇宙生命的意象中。這就在完成：形象的表達。追求：宇宙生命的永恒與無限，來表徵心靈生命的向上的至高之美。這種內在心靈生命的美，更是心靈語言的創造之透過「詩」的心靈語言的錘鍊以追求詩的生命語言之美而達到者。這才是：詩——的「語不驚人，死不休」的透點功夫。

這才是「一個人理解力底證明，並不是能夠自圓他所喜歡說的。而是能夠分辨眞的是眞，假的是假，才是智慧的記號和表徵。」（Swedenborg）因爲「一個文學作品讀得極少，感受力和洞察力極弱，

不管他借用任何最時髦、最科學的文學理論和批評方法，也無法變成一位批評家，他只是『人云亦云』，向某一種權威俯首稱臣的可憐蟲而已！」（夏志清先生：「追憶錢鍾書先生」）所以，批評是離不開鑑賞，而鑑賞尤要「真積力久則入」，而又無微不至，才能做到：不僅是頭頭是道，而更能中肯，透入骨髓與神思之極致，尤能應用確當。因此，鑑賞在批評中，不僅是理論的問題，方法的問題，創作的問題等，還關涉到一個人的才情，才思、才學、才氣、才識、才慧和心靈的「須從最上乘，具正法眼，悟第一義。」（嚴羽，詩辨）──的問題。此──自「非淵識博見，熟究精麤，擯落蹄筌，方窮以致。」（姚最，續畫品）之高手。不然，最後也不過是批評中的「機械主義者」：藝術──詩：的「科學的宦官」，與藝術──詩：的「僭越者」而已！

　　我──之一開始就把：「羅門──蓉子」的：詩──放在人類文化的「預言」──時代的「先知者」中來看乃是：「辨於味，味外之旨；然後可以言韻外之致，本於極詣。此外，千變萬狀，不知所以神而自神也。」（表聖：「與李生論詩書」）從此中，我們就可以看出：「羅門──蓉子」的：「詩」之最高內在意義與其獨特造境是在：一個立體文化宇宙生命之美的：理想──「道」的追求中。

　　所以：讀詩、寫詩、談詩──不但是「或看翡翠蘭苕上」的問題，而更是──必「掣鯨魚碧海中」（杜甫戲為六絕句）──的「渾溷汪洋，千彙萬狀，兼古今中外而有之」的問題。蓋「尋求詩人筆意，其心匠可知：其詩之為──妙，尤當以神會，難以形器求。至於奧理冥造者，罕見其人。此，難可與俗人論人也」（沈存中：夢溪筆談卷十七──「書畫」）。故「耳鑒」與「揣骨聽聲者」，當知「孤寒」之不易者之所以為何也。

　　先師東美方公在一九七三年世界第二屆詩人大會致開幕詞中說：「詩，不是一簡單的事，生命之律動──無論是指宇宙生命，或人類

生命而言——亦不是件簡單的事。在詩之眞實性中的生命，或在生命
之創造性中的詩情，在在都與文化的每一層面（——宗教、藝術、科
學、哲學、道德），息息攸關。」（孫智燊博士中譯）

因此，不僅「羅門——蓉子」的「詩」要放在——：

人類文化的「預言」

時代的——「先知者」中來看

凡是：任何一首：稱得上是眞正的「詩」，也要放在這個——詩：
的生命本身所追求的理想：人類文化的「預言」——時代的「先知者」中
來看，才稱「當行」，才稱「本色」，非故爲譽之者，乃此之謂也。

這就是「入乎其內者有深情，出乎其外者乃見顯理也。」（方東
美先生：「哲學三慧」）

一束——深深的「心語」

：走著的「詩」

蓋：——．

　凡：

　　操千曲而後曉聲，

　　觀千劍而後識器。

　故：

　　圓照之象，

　　務先博觀。

　　　　　　　——（文心雕龍・知音）

　　此——不僅識「曲」在聽其：「眞」；而觀——「劍」，尤當：「凝神」。是乃論「道在天下」之各種不同的：「道」，所當知之者；尤當知其所以嚴之者之在：「天才冠絕，學問深廣，識斷超群」——此三者，實論各類之：「道」，之所當求之者，而尤當嚴以求之者。如斯，乃能得其：「圓照之象」。

　　其——論：「詩」之所以爲詩之「道」者，尤當具此三者以爲「衡鑒」之準的，則：詩——之來源與流變、情思與文質，篇章與字句，形式與內容，方法與技巧，語言與生命，意象與境界，象徵與想像、氣度與體性，情調與美感，風格與肌理，氣象與風骨，神話寓言與故實，嘲諷、諷刺與反諷、戲劇與戲劇性、自然與社會，恐怖與異化，愛恨與情仇，戰爭與城市、大漠、海洋、山林、原野與和平——個人、鄉土、民

族、人類與傳統、歷史──野蠻與文明，死亡與悲喜劇，諸神與英雄，時空與永恆，生命與整體自然的無窮──自可層層索解，而內省其：「詩」之所以由之之「道」的：「神思、通變、定勢、情采、鎔裁、聲律、事類、隱秀」之：「美」──其「感物吟志，莫非：自然」（文心雕龍：明詩）者，乃此──「自然」係「人法地，地法天，天法道，道法自然」（老子）之：「自然」；而非僅爲西方物理，機械觀之自然。此──「自然」，乃宇宙至極之本然存在的無所至極的：「玄德、玄同、玄覽」──「樸」的「執大象，天下往」的「深矣！遠矣！與物反矣」的形上，形上無盡超越的：自然。此──「自然」更是整體的，充滿了生命的：「自然」。此──自然「俯拾即是，不取諸鄰，俱『道』適往，著手成春。如逢花開，如瞻歲新；眞予不奪，強得易貧。幽人空山，過雨采蘋；薄言情悟，悠悠『天』鈞。」（司空表聖：詩品──「自然」）凡西方大詩人、大藝術家、大文學家、大哲學家、大科學家、大宗教家，亦然深有：此「心同」，此「理同」之高致，皆深悉此──「自然」：「亦神理而已！」（文心雕龍，原道）

　　知──此：「道」者，則「情深而不詭，風清而不雜，事信而不誕，義直而不迴，體約而不蕪，文麗而不淫。」（文心雕龍，宗經）以「鑒周日月，妙極機神，文成規矩，思合符契：或簡言以達旨，或博文以該情，或明理以立體，或隱義以藏用。故知：正言所以立辯，體要所以成辭。雖精義──曲、隱，無傷其：正言。雖微辭──婉、晦，而不害其：體要。體要與微辭偕通，正言共精義並用。」（文心雕龍，徵聖）此──「詩──文」：之「象天地、效鬼神、參物序、制人紀──洞：『性靈』之──奧區；極：『文章』（──詩）之──骨髓者也。」（宗經）

　　凡──此：皆「詩」──之所以「窮：『高』以樹表；極：『遠』以啓疆」者──之「道」之所在也。所以，「百家騰躍，終入環內者

也。」（宗經）蓋——「孔子曰：詩——者，天地之：心；君德之：主；百福之：宗；萬物之：戶也。刻之：主版；藏之：金府。」（孫星衍、孔子集語——御覽八百四引詩緯含神霧）以此，「不學詩，無以言。」（論語）蓋「詩——可以：興；可以：觀；可以：群；可以：怨。」（論語）者，何也？

「興」者，是興於：意想性。意像性，又「興」於什麼？意像性，「興」於——情感的具體性與抽象性底變幻的把捉。情感——變幻的把捉，又在追求心理：幻象的不可一體性。

「觀」者，是觀於：象徵性。象徵性，又觀於什麼？象徵性，「觀」於——思想的小取性與大化性底所限的超越。思想——所限的超越，又在追求心靈：主體的層層上達。

「群」者，是群於：共鳴性、感應性、通體性。此三者，又群於什麼？此三者，「群」於走入的想像與走出的想像之表符的直透。想像——表符的直透，又在追求理想世界的出現。

「怨」者，是怨於：悲劇性。悲劇性，又怨於什麼？悲劇性，「怨」於——剎那的自然與永恒的自然的無盡呈現。自然——無盡的呈現，又在追求對象之內，之外、之後、之上的無窮天地的來到。

這——就是說：

「詩」——是在：「發現與建造」生命宇宙的——有限與無限，剎那與永恒，一點與渾圓，多與一；而通向：一即一切，一切即一的太和大中之美的生命之愛的理想世界：「執大象——天下往」的美的理想。

不然，就聽聽但丁在「神曲」——「天堂」中所說的話——：

一切原動者的光輝與榮耀

　　照射：全宇宙

你們呀！坐在一條小刻子上

　　爲了聽歌

　　在後面跟著

　　我唱著：歌的──『大船』前進

　　已經一路聽來

　　你們回航吧！重見你們的水濱

　　別冒險駛進──『大海』

　　因爲──一找不到我

　　你們就會終身迷途……而失墜。

──（請參看Paul Merchant, The Epic.蔡進松譯）

　　讀──詩：「讀」生命和宇宙本身的詩，也要「讀：書──破：萬卷」。至於，不讀書，或讀一點點「一曲之士」（莊子，天下篇）的書，要論道，要讀詩，要寫詩，要談詩的批評與鑑賞，要品論一個人的詩，何其難也哉！

　　這──種「盡得古人之體勢，而兼昔人之所獨專」（元稹、杜甫墓誌銘序）的讀詩、寫詩、論詩，是不是在讀生命與宇宙本身──大自然的整體生命，以及社會、心靈、人文──歷史中的：神話、寓言、宗教、哲學、科學、藝術、道德──的這本人類文化的大書。這──不僅要破：萬卷；而且──更要破：這本大書的：大，而不遺其細。的確，太不容易！實在太不容易。

　　然而──「世界上祇有一個眞理：那便是如實地觀察人生，並且愛它。」在「羅曼羅蘭」這個信念的「約翰‧克利斯多夫」中，就是這「道」──「哲學」的實行，也就是羅曼羅蘭自己生命在貝多芬的音樂世界中的一個美的「寫照」：用著生命、音樂、歷史、哲學的整個地那種類似「神境」的情操──在人類生命的史詩和讚歌的「詩」──之美中，追求「理想」：燃燒起──「永恒」的火燄。

　　所以，凡作爲這個宇宙人類中的：「詩人」是爲了正義、爲了生

命、爲了信仰、爲了愛、爲了「理想」：眞、善、美、大、聖、神的「上下與天地同流」（孟子）和「天地與我並生，萬物與我爲一」（莊子）的正義、生命、信仰、愛與「理想」：因爲詩人——必須終身從之而不能半途中止，才能稱之爲：詩人。在中國，這就稱之爲：「詩言志」——的：「詩而入神，至矣、盡矣、蔑以加矣，惟李杜得之。」（滄浪詩辨）而屈原更上之。在西方，這就叫作：形而上詩人，惟荷馬、柏拉圖、但丁、莎士比亞、米爾頓、布萊克、華滋華斯、普希金、叔本華、托爾斯泰、尼采、柏格森、波特萊爾、惠特曼、藍波、梵樂希、龐德、艾略特等是之，而歌德與羅曼羅蘭則更入「神境」。一個作爲當代的——「詩人」，尤其是必須把他的生命「獻給各國的受苦、奮鬥，而終必戰勝的——自由靈魂。」（羅曼·羅蘭）——寫出：最偉大理想的：詩。因此詩，詩人——一個字，可以錘出：一個宇宙。詩，既不是「玩具」；更不是「魔術」。因爲——「詩」：是永恒的智慧。形而上詩人——追求：「道」的詩人，是從形而下：「器」——現象世界中向上拔升的。所以哥德在「浮士德」偉大的和歌說：

> 一切消逝的，
>
> 不過是象徵；
>
> 那不美滿的，
>
> 在這裡完成；
>
> 不可言喻的，
>
> 在這裡實行，
>
> 永恒的女性，
>
> 引我們上升。

　　「在近代詩裏幾乎是唯一無二的把些五音的詩句和一種使人不能忘記的音樂節奏，配在一個深沉而且強烈的哲學思想上。」（梁宗岱先生：「李白與歌德」——「詩與眞」，25－34頁）

　　這──就是我寫：「羅門──蓉子」的：「詩」──大大的內在：動力。我的信念是──沒有偉大的：「心靈」──要讀「詩」、要寫「詩」、要談「詩」、要評鑑「詩」、要欣賞「詩」；其所讀出來的、寫出來的、談出來的、評鑑出來的、欣賞出來的──又是「詩」的什麼呢？「詩」之美的──：感受、體驗、欣賞、了解以及詩的整個知識、主體、主體性都在：神話、寓言、隱喻、意象、象徵之審美的意義與至高的價值──宇宙生命之「美」的神韻之中；更就在宗教的美、哲學的美、科學的美、藝術的美、道德的美、自然的美、社會的美、生命的美、心靈的美、理想的美──的「渾然一體」而又簡約玄澹、清融透澈之美中：既是個別的──那最內在的親切，又是普遍的──那最永久的普遍。因為「一切有生命的作品：寫大我須有小我底親切，寫小我須有大我底普遍。一個真正的詩人，永遠是『絕對』與『純粹』底追求者，企圖去創造一些現世所未有，或已有而未達到完美的東西。最理想的藝術是說其所當說，不說其所不當說。詩人，不是一個沒有靈魂的賣藝者。一首偉大的有生命的詩底創造，同時也定是詩人底自我和人格底創造。」（梁宗岱先生，「詩與真」，151－157頁──「詩、詩人、批評家」）所以，阿諾德的「文學是人生──生命的批評」，在「理論」上所引起的困難，是不在知識、文學、詩、說教之中，而是在「生命」自身的追求與完成之中，所以，必須「十分嚴肅」。它是──「理想在生命中的展現。」這不是在一個「狂熱的說教主義」的標題下，就可以解決的。（請參看：William K.Wimsatt──Cleanth Brooks,合著 Literary Criticism, A Short History, Part II, 19.20）「詩」──既不僅僅是只有愉悅或娛樂，說教或教化的功能，更不僅僅是只有知識與力量的功用；而尤為重要的，是──詩：必須是「宇宙生命本身」。「詩」──是達到存在的一條線索。「詩」──是「天地之心，萬物之戶」。這──是：「詩」的「本然命題」，

而非「詩」的「斷言命令」（康德）。這——就是：「詩」的美。

因爲——：

「藝術——詩，與生命是一致的。最美的理論只有在作品中表現出來時纔有價值。生命，是決不能停留在某一點思想底上的——生命還須前進。」（羅曼・羅蘭：托爾斯泰傳，傅雷譯）這就是：周易繫辭傳所謂：「生生之謂易」。這就是「羅門——蓉子」的：「詩」所追求的「前進中的永恆」。

的確——「一段漫長而沉思的生命，是一次偉大的探險。」（羅曼・羅蘭自傳）

「現在——多數的藝術家（詩人）們（不是眞正藝術家的藝術家們），停步在『生』的入口，對他們而言，藝術——詩只是一種玩具。」（羅曼羅蘭的信）

羅曼・羅蘭寫：「約翰・克利斯多夫」——這本：「書」，就是：一本長長的人類生命理想之美的追求——鉅：「詩」——敍事的、戲劇的、小說式的、沉思的、獨述的、表白的、散文的、論述的、冥想的「史——詩」的「上下與天地同流」、「天地與我並生，萬物與我爲一」的人類生命理想美之所在。

而「羅門——蓉子」的：「詩」所寫的就是：人類生命理想美的「歷程與實在」的各種存在內貌與外象，以追求人類生命的理想之充滿與展現，而不是把「詩」當成一種玩具或魔術，停止在「生」的入口。這才是一個偉大理想的探險。這才是：神聖的痛苦底生涯之崇高的「信仰」——好美！既高古又典雅，既雄渾又悲壯；既清奇又超詣，既沖淡又縝密。這就是——「羅門——蓉子」的：詩。

在「貝多芬傳」中，羅曼羅蘭標舉出貝多芬的靈魂所透現出來的——是：「音樂是比一切智慧一切哲學有更高的啓示……誰能參透我音樂的意義，便能超脫尋常人無以振拔的苦難。最美的事，莫過於接

近神明，而把它的光芒散播人間。為何我寫作？──我心中所蘊蓄的必得流露出來，所以纔寫作。至於那些蠢材，只有讓他們去說。他們的嚼舌，決不能使任何人不朽，也決不能使阿波羅指定的人喪失永恒的不朽。」（思想──關於音樂與批評）

我們要把──「米勒傳」、「貝多芬傳」、「約翰・克利斯多夫」、「米開蘭基羅傳」、「托爾斯泰傳」──看成：是一個學者、詩人、音樂家、文學家、雕塑家、畫家、英雄、理想的「整個藝術」之追求人類生命自我完成與實現的：「歷史」生命的呈現，表徵出羅曼羅蘭的「哲學信仰」：在新理想主義之中──一個燃燒的：「靈魂」，和一個「美麗的臉龐」，都在「內心的旅程」中，透出：「一個被擊敗者」的生命之永恒與無限。因為──任何一個：「死」，都是要復活的──這也就是中國人的「生生之謂易」的：「易」之「神，無方；而易，無體」的現代解釋。因為──「埋沒」是沒有用的，「反抗」是不斷的；只要「時間的來臨」，就是「理性的勝利」。「群狼」又在那裡呢？在「信仰的悲劇」中，所出現的是「英雄的謙遜生活」與「自由的勝利」。因為──這已經是「越過戰爭」的「先驅者們」了！因此──人類就在這「遙遠的日子」中，等待著一個美的生命「理想」的來臨。

這就是──我看：「羅門──蓉子」的：「詩」；與我的看：中西一切形而上詩──玄（哲）學的：「詩」。

「道」──的：「詩」。

「美」──是什麼？什麼是「美」？不能只從一點、一線、一面、一體去看，要從一個立體的、生命的、文化類型動力建構的：根本系統、規範系統、構成系統、運作系統、敘述（解釋）系統、功能系統、表現系統、價值系統、目的系統──之「理想」的：「完成」──「人文化成」的──「人文生命的創造與建立」來看：「美」。

　　這——就是：「詩」者——「天地之心，萬物之戶。」如此，乃可以「感物吟志」。以是，「不學詩，無以言」。蓋其——「言」：皆在「興、觀、群、怨」之中。

　　所以：「美的內容，是把主觀的『假』（假借之假）象，當作真相。美的形式，是自由人格佔在超自然的地位，憑『高』俯視，發抒精神，流露理想，直向自然傾瀉貫注，使之成為目的系統。前者，無客觀性；後者，無普遍性。然，真正美的欣賞，和真正美的境界，依一貫的理性作用看來，又不能缺少這雙重標準。所以，康德最後更把知識上——決定判斷化為美學上的反省判斷，而啟示了一套『宛似哲學』。美的世界，是自然的化境，它的存在理由須朝著超自然向上追溯，至於精神主體而後能得。美的形式，是超越的自我，激揚精神，灑落太虛，而由個別賦有才情者，藉著反省判斷，共同玩味出來之美的體制。審美經驗之普遍性與客觀性，是藝術幻化之境——靈變生奇的產品，它的構成實由於幻想作用。詩人——歌德自由自在馳騁於藝術空靈意境之中，是歌德承受了康德系統哲學三部曲的使命，發揮絕頂天才，於碧落黃泉之間，一任『狂想陪伴著理性、理解、感覺、情緒，甚至愚昧』，縱橫馳騁、造妙搜奇，結果竟能於實事實物的世界之外，建立狄爾泰所謂『第二種世界』。這是詩心、詩情、詩藝所締造之美麗崇高的自由幻境。歌德——針對著生命：個人生命、人類生命、事物生命，和宇宙的生命都融貫在一起——根據親切入骨的體驗，一方面作廣大的曠觀，另一方面作深厚的透視，然後運用幻想的神技，組合一群富有音樂韻律的字句，來表達豐瞻美妙的情調。在這裡面，怪怪奇奇的物態，變化紛綸，生滅無常的世相，高貴挾帶醜陋的人性，玄邈祕奧，深不可測的神意，一一脈絡貫通，活躍呈現，令人對之驚心奪魄，搖情抽思，生起無窮的的感嘆。凡為人的情趣，幻想的風味，和寫詩的格調，在歌德一生，雍容丏合，形成一種驚人的統一與和諧。狄

爾泰說得好：『此中沒有迷惘，也沒有裂痕。這種生命完全遵循內在的精神法則而自由生長，其意趣之純真，其行誼之圓融，──協乎隆正而蹈乎大方。歌德滲透了自然造化的神通，以創立自己的生命，然後持為詩藝的對象。──詩的：世界之創立，與夫詩人性靈之發揚，──遵從精神規律，而表現訢合無間的統一結構。自馬丁路德與萊卜尼慈以來，他們一直在探索精神自身，及精神活動之深微奧妙處，然後據為典要，以證實──宗教、科學、哲學與詩藝之：內在和諧。這便是：生命的祕密須由生命本身方得吐露，生命的真諦須由生命本身的意趣和內在之──『美』來下註腳，創造了那詩的世界。詩人的技巧，只是那創造天才之最高表現，其成就全由生命涵養出來。神奇的生命，美妙的幻象，和偉大的詩篇，一體俱化，構成一種新穎的統一體制，其基礎可由科學的研究予以確立。我們在這個──詩：的統一體制裏面，直可妙造自然，窺見真理，領受妙悟，打破錮蔽以了解生命之祕奧。這就是──歌德：對後起詩人與哲學家所啟示的妙訣。』所以歌德晚年嘗面對德國青年自稱是『德國人精神的解放者』……」（方東美先生：「黑格爾哲學之當前難題與歷史背景」──此文已收於「生生之德」一書中）

　　這個──才是：形而上詩的「根本」意義（The meaning of meaning）；而不是──"To define metaphysical poetry.（請參看：T.S. Eliot, Selected Prese, "The Metaphysical Poets" p.111）──我們不能為：形而上詩──玄（哲）學詩──「道」的：「詩」下定義。因為一個明確的定義，也有在邏輯規範與科學概念之外者。尼采就說過：「在這種形而上的大前提下，藝術──詩，有更偉大的價值。藝術家的作品，乃是這個形而上的永久常存之表象。假使我們可見的現象世界不過是幻相，那形而上的假設──藝術：詩的世界，亦庶幾近乎此真實的世界；其餘的不相似之處，甚至使──藝術：詩，高過自然價值。因

為藝術：詩的表現，不僅與自然同形體，而且是自然的類型與典範。」（啓示藝術家與文學者的靈魂）

為什麼呢？

因為──：

「這種精神力量貫注歌德時代的全部創作。普遍人性，是從我們生存之微茫深處，勾稽出來的。在這一點上，歌德與康德、菲希特、黑格爾之超越（形上）哲學，貝多芬之音樂，實表露同一意趣。當近代的初期，意法英各國人忙著在文藝理想或實踐生活上努力奮鬥時，馬丁路德則根據德國人原始蠻性的遺留，就活的自然中，探索人性內在的祕奧，勾出自由良心，以打破中古『制度宗教』在人神之間所造成的隔閡。後來，德國哲學上汎神論思想之廣泛流行，文藝上抒情詩韻味之特別發達，這是一個重要的關鍵。人神隔閡之關，既已衝破，人與自然之對立，亦因之解體。於是，凱卜洛、萊卜尼慈先後在科學和哲學上，各自跳出主觀的圈套，就宇宙本身的間架上，確立數理和諧性及神意預設和諧性之根本義諦。於此可見藝術──詩的審美，和科學的求眞，原是息息相關，不能割裂。後來康德一方面繼承牛頓機械主義的物理，他方面援引萊卜尼慈抽象理性的『玄想』（形而上的奔馳），在知識的嚴格標準上劃分域、境、界（das Feld der Boden, und das Gebiet）的差別，復據人性三分才情論（知、情、意慾 Erkenntnis-Vermogen, Gefuhl, und Begehrungs vermögen）以分辨自然界、藝術界和道德界，而竟使適用於各界之根本法則不能徹底互相貫通，造成許多理論的困難，在哲學上種下許多對立矛盾種子，招致理性統一作用的危機。然而，卻就在這些理論困難或精神危機裏面揭開了科學哲學宗教和藝術新生的局面──等到：歌德崛起，拋棄機械方法，體驗生命深度，施展幻想自由，又完成了德國精神傳統的新使命。通常，只把歌德當作詩人看待，實則他在哲學上的成就是驚

人的偉大。由於──歌德的成就，我們又可把：科學、哲學、宗教、藝術合冶於一爐，使歐洲精神文化獲得更高的統一。就這一層而言，歌德的思想方式，一方面可對治歐洲人靈魂分裂（Schism of soul）的不治之症，另一方面又可契合東方人梵我一如或天人無間的微言大義，實在值得我們欣賞讚嘆。從歌德的立場看來，宇宙全體為一廣大無窮的生命系統，其中一切現象，毫無自然與超自然之隔閡，各自依前浪逐後浪之歷程，開展擴充，次第完成，以造就宇宙全體和諧無間的統一。人在宇宙內；實居於中間的地位，其氣魄可籠罩全部創造的歷程，物質依之形成，生命據以出現，心識賴之發展，而且最高精神與智慧之妙悟一旦成就了，直可上達於真宰而與之浹而俱化。人之造詣甚且超過了天使，他是造物者唯一的寵兒，只有他才能參天地而贊化育，以悟其：神妙。」（方東美先生：「黑格爾哲學之當前難題與歷史背景」）

　　這就是：「形而上詩──玄（哲）學詩」──「道」的：「詩」之不能下定義的最大：「理由」。如此，方能「象：天地，效：鬼神，參：物序，制：人紀──洞：『性靈』之──奧區；極：『文章』（人文文化生命之樞機的・詩）之──骨髓者也。」（見前）故曰：「窮高以樹：表；極遠以啓：疆。」故曰：「不學詩，無以言。」故曰：「詩──可以興，可以觀，可以群，可以怨。」故曰：「詩──言：志」。故曰：「詩者──志：之所之也。」

　　故曰──「詩者，天地之：心。」

　　所以：「形而上詩──玄（哲）學詩」──「道」的：「詩」。不僅僅是形而上的、哲學的、玄學的、「道」的，而且，更是「包含歷史」本身和「超越寫實範疇」而在「日常現實」中，展開了：宇宙的生命、人類的生命、民族的生命、鄉土的生命、個人的生命，和那一草一木、一花一葉、水流雲海、一沙一石的生命，更要展開那飛的、伏

的、在海底的、在地上爬的、走的和一切不動的生命在「自然──社
會──心靈」中的：野蠻與文明、愛與恨、戰爭與城市、恐怖與異化、死
亡與悲劇、英雄與小丑、諸神與魔鬼……而到時空的刹那與永恒，一
點與渾圓，生命本身的"To be or not to be"眞所謂──：

　　　畸人乘眞，

　　　手把芙蓉；

　　　汎彼浩劫，

　　　窅然空蹤。

　　　月出東斗，

　　　好風相從；

　　　太華夜碧，

　　　人聞清鐘。

　　　虛停神素，

　　　脫然畦封；

　　　黃唐在獨，

　　　落落玄宗。

　　　　　　　──司空表聖‧詩品：「高古」──

　　這才是：「海風碧雲，夜渚月明──如有佳語：大河橫前」（表
聖詩品，「沉著」）的：「詩」──的「生命」和宇宙生命的本身：
意象之：「美」的所在了。

　　所以，「形而上詩──玄（哲）學詩」──「道」的：「詩」既
要在：「理想」中，更要在「現實」中；既不能爲理想主義所「蔽」，更
不能爲寫實主義所「累」，才能洞：「性靈」──之：奧區；極：「
文章」（人文文化生命之靈魂的：詩）──之：骨髓。而象：天地；
效：鬼神；參：「物」序；制「人」紀。如此，乃謂之：「道」的：
詩──「形而上詩──玄（哲）學詩」。蓋「形而上者，謂之：道。

形而下者，謂之：器。化而裁之，謂之：變。推而行之，謂之：通。舉而措之天下之民（人），謂之：事業。聖人有以見天下之：動；而觀其；會通；以行其：典禮。神，而明之；存乎其：人。默，而成之，不言而信，存乎：德行。子曰：知變化之：道者；其知：神之所爲乎？精義入神，以致用也。利用安身，以崇德也。窮神知化，德之盛也。知：『幾』──其『神』乎？神──也者，『妙』：萬物而爲『言』者也。」（周易：繫辭傳，說卦傳）

故──「人文之：元，肇自：太極；幽贊：神明，易象惟先。庖羲畫其始，仲尼翼其終；而乾坤兩位，獨制：文言。言──之：文也，天地之：心哉！心──生，而言──立；言──立，而文──明：『自然』之：道也。誰其尸之！亦『神理』而已。莫不原：道──心，以敷──章；研：神──理，而設──教。觀：天文，以極變；察：人文，以成化；然後能：經緯──區宇；彌綸──彝憲；發揮──事業；彪炳──辭義。故──知：道，沿聖以垂：文；聖，因：文，而明：道；旁通而無滯，日用而不匱，易曰：『鼓天下之：動者，存乎：辭。』辭，之所以能鼓天下者，迺：『道』──之：文也。」（劉勰・文心雕龍：「原道」第一）

此──中國人的：「形而上詩──玄（哲）學詩」──「道」的：「詩」──亦：「美」──文學、藝術、哲學、科學、宗教、道德的一體存在之所在者之：「道」與「器」──形上、本體、宇宙、現象、知識、方法、價值……等，要「化而裁之，推而行之，舉而措之」的：「變──通──事業」的：「知幾」──「妙萬物而爲：言」者──「詩」：之極致也。

其：神乎？其：不神乎？

此：我之看：「羅門──蓉子」的：「詩」者也。

所以──「詩人：是說話者，命名者，代表著：美。他，是完整

的、獨立的，站在中央。美，是宇宙的創造者。宇宙，是靈魂的外在形式。凡是有生命存在的地方，靈魂便奔向其中。在這裡，精神便踏了進去，統一也進入了『變化多端』，連繫在『整體』（The Whole）之上，令人獲得精神的解放。」（愛默生：論詩人）

此──「天地有大美：而不言」者乎？

這就是──「羅門──蓉子」詩的：生命本身。

然而──「我」：「生活在永久的，愉快的等待中，等待這任何樣未來的來到。像一些等待答覆的問題，我使我在每種歡情前所生的渴慕立即享有它所期待的快樂。我的幸福由於每一水泉啓示給我一種渴念，而在無水的沙漠中，不得解渴，我仍愛這烈日下自己熱病的赤誠。黃昏時出現的綠洲，由於整日的期待顯得分外清涼。在烈日下，沙質的廣漠上，自己像在昏沉的睡眠中──而熱度是那樣高，即在空氣的波動中──我仍感到生命的躍動，這無法入眠，暈厥在天際，而在我足下湧滿著：愛的生命。

每天、每一小時，我不能再探求別的除非是更簡樸地深入自然。我有不爲自己所束縛的這一種珍貴的天賦。過去的回憶除了給我的生命以統一性之外對我沒有別種力量。……神奇的新生！我常嘗味到，在清晨的旅途中，一種新生命的存在，一種感覺上的溫馨。──『詩人：的賦性──我驚嘆著，你的是一種永久的機遇』──因而我接受著各方的事物。我的靈魂：是開在十字街口的旅棧──有願進去的，就進去。我──使自己成爲延性的、可親的，使自己一切感官都準備著接受外物，使自己成爲專心、傾聽，直至消失一切個人的思想，獲得一切瞬間的情緒，而所起的反應是那樣微弱，爲的不否認一切，我不再聽世間有壞的事物。而且，不久我注意到在我對美的愛好中極少借助於對醜惡的憎厭。我，思無定所。我睡在田野間，我睡在原野上，我看到黎明抖擻在大捆的麥束間；烏鴉驚醒在山毛櫸的叢林中。晨間，

我在露草上洗面，晨光晾乾我濕透的衣服。誰能說鄉間有比那一天更美，當我看到豐盛的收穫在歌聲中載回家去，以及那些挽在滯重的牛車上的牛群。

　　一切流浪的事物此後無法再闖進屋，在屋外抖索著寒風。獨自，我嘗味到孤傲強烈的快樂。在我還沒有躺倒在稻草堆中，這原野的動搖那種感覺。那時，我像更能親切地體味自然，而自然也更深入你的心坎，我用我一切暢開的感官接受它的出現，我整個地被吸引在那兒。最後，我的靈魂充滿起詩情，而由於自己的孤獨，這詩情變得更高昂。他自己是詩人──他懂得一切諧和：宇宙間的一舉一動對我們像變作一種公開的語言，在這語言中人能認出每一動作的起因，我們的每一思想是一種熱誠。我那天性充滿著愛的心，流質似的散瀉四方，而當我獨樂的時候，那只全憑著孤傲。我很知道，在一切路旁，花又重開；但如今這些花所等待的是你們。你的思想束縛著你，你生活在過去中，在未來中，而你不知道自然地去感受。我們的價值，只在這生命的瞬間，願你在瞬間整個集中你自己。在我，在任何瞬間，我的愛等待著我，給我一種新的驚奇；我永遠認識它，但從不追認它。所有神的形相都是可愛的，而一切都是神的形相。我的幸福來自熱誠，一切事物都會驚愕地引起我的崇敬。」（紀德：「地糧」，盛澄華譯，中華民國三十四年六月初版，重慶，文化生活出版社刊行）

　　這就是──我看：「羅門──蓉子」的：「詩」中的：──「我」。我：是什麼？什麼也不是。我──從那裡來？無所從來。我──要去那裡？無所之而去。我──不過是在宇宙生命本身：「詩」的──「本然存在」中，「不取於相，如如不動」的──剎那與永恒，一點與渾圓中的一片：飛葉；一個：落石而已！

　　讓人間的一切──都走向：「詩」──

　　　美：

的
　無限
　　與
　　永恒
　　　在
天
地
　間
　　升
　　起……
：「羅門」——：在「蓉子」的「千曲之聲」中
　　　猛力一推
　　　　雙手如流
　　　　　　　總是千山萬水
　　　　　　　總是回不來的　眼睛

遙望裡
　你被
望成
　千翼之鳥
　　　　棄
　天空
　而去
　你已
不在
　翅膀上
　　聆聽裏

你被
聽成
千孔之笛

音道深如望向遠方的凝目

猛力一推　竟被鎖在走不出
　　　　　　　　　　的
　　　　　　　　透明
　　　　　　　　　裏天
　　　　　　　　　　地
　　　　　　　　　　線
　　　　　　　　　　是
　　　　　　　　　　宇
　　　　　　　　　　宙
　　　　　　最
　　　　　　後
　　　　　　的
　　　　　　一
　　　　　　根
　　　　　　弦

　　　　　　彈出了
存在的：奧祕
────────：道：生命創造的詩

永恆的：回聲

第九日的底流

麥堅利堡

都市之死

死亡之塔

板門店38度線

觀海

曠野

隱形的椅子

時空奏鳴曲

大峽谷

繾綣：

孤　煙　　買下了：靈魂交響曲

河

海──目、窗子、天空的演出

山：遙望故鄉

寂寞之光：月思

螺旋形之戀：五角亭

曙光：蜜月、戀、鑽石的冬日

燈屋：詩的事件

琴：三重奏ＡＢ

流浪人：旅

老者：小提琴的四根弦

斷腿：過去

睡衣

鞋：機場、鳥的記事

車上

綻

寂：未完成的隨想曲

茫：山的世界

野馬：車禍

天空：車入自然

瘦美人

碧

地攤：煙境

雲

眸

出走：樹鳥二重奏

唇：單身漢

鳥

傘

床上

方形的存在

落幕

逃

未完成的

教堂

輪子

超脫

在

羅門的：

「第三自然」中「推」著——誰都不能：阻攔

　　前

　　進

　　中

　　的

　　永

　　恒

之：「歌」——而不是：「懸掛」著的「永恒」

在詩中

這是——李白在天地線上唱的：

　　日出東方隈，

　　似從地底來；

　　歷天又復入西海！

　　六龍所舍，

　　安在哉！

　　其行終古不休息，

　　人非元氣，

　　安得與之久徘徊！

　　草不謝榮於春風，

　　木不怨落於秋天，

　　誰揮鞭策馳四運？

　　萬物興歇皆：自然。

　　羲和？羲和！

　　汝奚汨沒於荒淫之波？

　　魯陽何德，

　　駐景揮戈？

　　逆道違天，

　　矯誣實多，

　　吾將囊括大地，

　　浩然與溟涬同科！

　　　　　　　　──日山入行

這是──歌德在天上序曲中唱的；

　　擢靈循古道，

　　步武挾雷霆，

　　列宿奏太和，

　　淵韻涵聖音……

　　　　　　　　──浮士德

　　這就是──我：一束「深深」的心語：走著的「詩」而已。

　　此──劉彥和之所以在「明詩」中贊：「詩」──曰：「民──生而志：詠歌所含，興發皇世，風流二南。──『神』、『理』共契，『政』、『序』相參；英華彌縟，萬代永耽！」──此乎？此乎？

　　然而，在當代：究竟

　　「詩」：

　　　在

　　　這

　　　個

　　　「世

　　　界」

　　　中

　　　的

　　　「美」

是
什
麼
呢
？

　　當然，「詩」在這個世界中的：「美」——既要從一中見多，又要從多中見一；既要從刹那看到永恒，又要從永恒看到刹那；既要從有限見到無限，又要從無限見到有限；既要從一點看到渾圓，又要從渾圓看著一點；既要從具體（著實）看到抽象（空靈），又要從抽象（空靈）看出具體（著實）；既要從普遍（共相）看出特殊（殊相），又要從特殊（殊相）看到普遍（共相）；既要從大我的最永久的普遍看到小我的最內的親切，又從要從小我的最內在的親切看到大我的最永久的普遍。因爲——「美，是完整的、獨立的，站在中央。詩人，是說話者，命名者，代表著：美。」（愛默生，論詩人）所以，「美」——既在一個外在世界中，更在一個內在世界中。因爲——「宇宙的存在，是要滿足靈魂上的『愛』——美。這是宇宙終極的目的，這無人能問，也無人能解釋：靈魂爲什麼要追求美。」（愛默生，論美）

　　然而——：

　　詩人——：「詩」的本身就在問：靈魂爲什麼要追求：美。一首——完整、完全、完足的：詩——就是詩人在解釋：靈魂爲什麼追求：美。

　　所以：「詩」在「羅門——蓉子」，這個「世界」中的：「美」——就是如此地在追問與解釋；靈魂——爲什麼要追求：美。

　　羅門——「詩」的在這個「世界」中的：「美」是在「第三自然」中，追求「前進中的永恒」那個「雄渾」之美的：「大用外腓，眞體內充；返虛入渾，積健爲雄。具備萬物，橫絕太空；荒荒波雲，寥寥長風。超以象外，得其環中，持之匪強，來之無窮。」——的：美。

　　蓉子──「詩」的在這個「世界」中的：「美」是在「千曲之聲」中，追向那「永遠的青鳥」──「清融透澈、翠哲玲瓏」的那個「沖淡」之美的：「素處以默，妙機其微；飲之太和，獨鶴與飛。猶之惠風，荏苒在衣；閱音修篁，美曰載歸。遇之匪深，即之愈稀；脫有形似，握手已違。」──的：美。

　　詩：在這個世界中的：「美」──多也、廣也、深也、遠也，無所至極矣！因為「宇宙，是靈魂的外在形式。凡是有生命存在的地方，靈魂便奔向其中。在這裡，精神便踏了進去，統一也進入了『變化多端』，連繫在『整體』之上，令人獲得精神的解放。」（愛默生，論詩人）所以，我說──「詩」：就是宇宙生命本身的存在者與所存在者的：「美」。這個「美」在「老子」：「天下皆知美之為美，斯惡已！」──這是形上美的本身。這個「美」在「孔子」：「乾──始能以：美──利，利天下，不言所利，大矣哉！陰（坤），雖有美，含之，以從王（通天地人曰王）事，弗敢成也。君子、黃中通理，正位居體，美在其中，而暢於四支，發於事業，美──之至也。」這是本體美、宇宙美、現象美、知識美、價值美、目的美、理想美。這個「美」在「孟子」：「可欲之謂善，有諸己之謂信，充實之謂美；充實而有光輝之謂大，大而化之之謂聖，聖而不可知之之謂神。」這是生命在形上、本體、宇宙、現象、知識、價值、目的、理想中的「所過者，化；所存者，神；上下與天地同流」的：美。這個「美」在「莊子」：「天地有大美、而不言。四時有明法，而不議。萬物有成理，而不說。聖人者──原：天地之『美』，而達：萬物之『理』。是故：至人、無為；大聖，不作；『觀』──於：天地之謂也。」這是「化而為鳥，其名曰鵬；鵬之背，不知其幾千里也──『怒』，而飛：其翼若垂天之雲。天，之蒼蒼，其正色邪！其遠而所至極邪，其視下也，亦若是則已矣！乘天地之正，而御六氣之辯，以遊無窮者，彼且惡乎待哉！何不樹之於

無何有之鄉，廣漠之野，安排而去化，乃入於寥天一」——的：美。
這個「美」在「荀子」：「知夫不全，不粹之不足以爲美也。故天之
所覆，地之所載，莫不盡其：美。是故，美之者，是美天下之本也。
聖人，備道——全：『美』者也。身：盡其故，則：美。」這是中國
人文文化生命的——「六藝」：易、書、詩、禮、樂、春秋——「大
中至和」的：「太和境界」——最高理想人格之：美。

　　「詩」：在這個「世界」中的：「美」——先師東美方公在他的
「科學哲學與人生」（——藝術）一書中「科學的宇宙觀與人生問題」講
到「物質科學」與「生物科學」時，是如此：「表述」：與如此：「
翻譯」——：「詩」——在這個「世界」中的：「美」——：

　　「希臘人的宇宙，一望即窮其底蘊。他們仰望恒星的晶天，歷歷
在目，正合柯洛鬱奇（Coleridge）在「詠愁詩」（Dejection ode）
裏所發的感歎：

　　I see, not feel, how beautiful they are!

　　天心長穆爾，

　　冷豔玉鈎垂；

　　懷情不易感，

　　眦望盡無遺！

　　反之，近代西洋民族所設想之宇宙，乃是一種廣漠無涯的系統。
我們五官所接者，只是這種無窮大的宇宙之皮相，只是滄海之一粟。
它的全體，它的眞相，我們應本理智的『玄想』，情感的『妙悟』，
纔能得其『神似』。感覺印象不過是些粗淺的符號，象徵宇宙內其際
不可窮的事理。柯洛鬱奇說得好：

　　All that meets the bodily sense I deem symbolical……

　　（Coleridge: The Destiny of Nations, II, 16-18）

　　五識取塵境，

獨影不帶質。

　　近代思想家描寫宇宙，正如神品的畫家落筆：墨花橫溢，機趣飛翔，取境大方，毫無拘牽束縛之態。所以他們的宇宙簡直是一個『無窮』。人類處在這種偉大的環境裏，怎能不悅心妍慮，產生氣象磅礴的思想體系，偉大的宇宙，宇宙的偉大，請看歌德對於它作何感想：

Welch Schauspiel ! Aber achl ein schauspiel nur !

We fass' ich, unendliche Natur ?

（Goethe: Faust, V. 454-5）

乾坤渺無垠，

生世渾如寄；

晏息向君懷，

馳情入幻意！

Ach! zu des Geistes Fligoeln wird so leicht

Kein körperlicher Flügel sich gesellen.

Doch ist es jedem eingeboren,

Dass sein Gefühl hinauf und vorwärts dringt,

Wonn übor uns, im blauen Raum verloren,

Ihr schmetternd Lied die Lerche singt;

Wenn über schroffen Fichtenhöhen

Der Adler ausgebreitet schwebt,

Und über Flächen, über Seen

Der Kranich nach der Heimast.

（Goethe: Faust, V. 1090-9）

心靈翔太清，

肉體羈塵境；

羽翼長參差，

浩氣靡所騁！

靈鳥囀幽音，

大驚貫雲橫；

白鶴飛不停，

江山萬里程。

我亦閒世英，

立地想超升；

脈脈向蒼冥，

悠悠終古情。

　這個其際不可窮的宇宙，有無數量的內容，無量數的寶藏，處處激起人類飛翔的玄思，超逸的理智。近代第一流的思想家，無論是詩人或是科學家，對於偉大的宇宙都有一種空靈的無窮感觸。柯洛鬱奇已認感相只是些微末的符號，代表渺無涯際的宇宙；歌德的靈心，遨遊諸天，恍然自失，苟非宇宙之偉大，那得有此？詩人──富於幻想神力，故能識得此中精蘊。華滋華斯對於『無窮』與『無極』──特有一種神祕的感觸，故能擴大我們常度的，侷促的經驗園地，使成一種超越的：世界。

　這種──『世界』：對於他──

Was like an invitation into space

Boundless, or guide into eternity.

（Wordsworth: Prelude, BK. 13）

空間無止境，

時序永綿延；

勝遊探其幽，

意遠而心玄。

人類的智能，人類的心性涵寓於此，潛移默化，無形中自覺領受

一種不可言喻的興奮，不可阻撓的努力。

> Our destiny, our being's heart and home, is with infinitude,
> and only there.
>
> （Wordsworth: Prelude, BK. VI, 604）

> 託命於空明，
>
> 婆娑削塵慮；
>
> 無窮翔遠心，
>
> 去住有佳趣。

　　近代宇宙觀之異彩，詩人已窺其徼了。詩人情蘊豐富，好用欣賞的直覺，形容衆妙，以彰其：『美』。科學家之感想亦敏銳異常，他們對於無窮的宇宙，每據數量的符號，寫象物理，以顯其眞。假使我們接受凱慈（Keats）的名言：『美，即是眞；眞，即是美。』則近代詩人的宇宙觀與科學的宇宙觀──至少關於『無窮』一點──眞是體合無違了。

　　數學──是科學的基礎。近代科學家首先引起數學的革命，然後解剖物質宇宙之全量。希臘數學的理想是造形藝術的理想。他們所謂數僅是實物的形體：點、線、面與容積。反之，近代數學，自笛卡兒以後，完全集中於無窮之分析。它的對境是抽象的空間關係空點序列，無窮的級數，純淨的函數。畢塔哥拉斯是希臘人的代表，他的數量之懸衡是大小長短，可以測度；笛卡兒、費瑪（Fermat）、高士是近代人的代表，他們數的觀念趨重『無窮』之分析。數的觀念迥然不同，遂產生兩種懸隔的宇宙觀。希臘人的宇宙是有限的，囿於形象的實物；近代的世界觀是一種：『無窮』空間的實現，內中眞象超脫實物的形跡而爲抽象的：理想。希臘民族精神的基本符號是物質的個別的形體。近代歐洲民族的精神符號乃是無窮的空間。數學的分析以此爲焦點，而物質科學的宇宙觀亦以此爲中心。近代西洋民族有了這種無窮的宇

宙，當然要產生偉大的學術系統。哥白尼、凱卜洛的天文學，加利略、牛頓的物理學，鮑亦爾（Boyle）、拉敷阿茜葉（Lavoicier）的化學，無一不是分析空間系統，空間質素的結果。」（「科學哲學與人生」，第三、四、五、六章）

　　詩：在這個「世界」中的——「美」，多也，廣也、深也、遠矣！無所至極矣！先師東美方公在此：微微點出，如欲進而深求之者，當可在方先生的：「生命悲劇之二重奏」，「生命情調與美感」、「哲學三慧」、「黑格爾哲學之當前難題與歷史背景」、「從比較哲學曠觀中國文化裏的人與自然」、「中國形上學中之宇宙與個人」、「從宗教、哲學與哲學人性論看人的疏離」、「詩與生命」、「人生哲學」、「中國人生哲學」、「原始儒家道家哲學」、「中國大乘佛學」、「華嚴宗哲學」、「新儒家哲學十八講」、「生生之德」、「中國哲學之精神及其發展」、「方東美先生演講集」中——看到一個更多、更廣、更深、更遠的：「詩」在這個「世界」中的：美。

　　「羅門——蓉子」——詩——的：「美」就是在這個「世界」中呈現出來的——：

　　羅門——「詩」的：「美」在「第三自然」中追求「前進中的永恆」（The Eternities of this World in advance）那個：「雄渾」的生命世界之：美：「第九日的底流」——「麥堅利堡」——「都市之死」————「死亡之塔」：「靈魂」交響曲的四大主題；其序曲：「窗」，其前奏：「孤煙」，「螺旋形之戀」，其終曲：「隱形的椅子」。在其中展開的是：「戰爭」、「都市」、「自然」、「自我、時空、死亡」、「素描與抒情」、「題外」、「文、視覺藝術」等曲與「麥堅利堡特輯」、「燈屋、生活影像」等調。從「詩眼七視」中，「詩不見了」——「回首」：買下「這條天地線：宇宙最後的一根弦」在「一個美麗的形而上」：「浪漫與古典」——「無所不在的海」中

──去看：四川大學朱徽教授的：「羅門詩一百首賞析」與林燿德先生的：「羅門論」和張漢良教授等的「門羅天下」，以及大陸周偉民、唐玲玲夫婦教授主編的「羅門──蓉子」、「文學世界學術研討會論文集」與合著的「日月雙軌」。

蓉子──「詩」的：「美」在「千曲之聲」中追向那「永遠的青鳥」（詩人蕭蕭主編）──「清融透澈，翠哲玲瓏」的那個：「沖淡」的生命世界之：美：「一朵青蓮」。

這就是Keats的：「美，即是真；真，即是美。」

這就是「羅門──蓉子」的：詩──「是要滿足：靈魂上的──『愛』：美。」──工於比興，妙於象徵。

這就是──我：在海峽兩岸與海內外的：

詩人、藝術家、文學家以及在宗教、哲學、科學……的不同文化世界中的不同特出人物的：看「羅門──蓉子」的「詩」──的世界之中，提出了「我」從詩──「想」：走過來──論「羅門──蓉子」的：「詩」是──美學、藝術哲學、哲學、詩、文學、藝術、科學、宗教、道德的：立體文化宇宙生命之美的──「理想」：形而上「道」的從形而下「器」的現象世界向上的：追求──天地線是宇宙最後的一根弦，彈出的：靈魂交響曲，就是一個「立體文化宇宙生命之美的：「理想」──這完完全全在「羅門──蓉子」的「詩」中，具體地顯現出：「雄渾」與「沖淡」之美。

這就是──我：一束「深深」的心語：走著的：「詩」──在你的：「凝視」之中，但「要讓重要性在你自己的目光中，而並非在所看到的事物上。」（紀德：「地糧」）這才是：我的眼直走你的：眼──等待著！

──中華民國八十五年十月十三日──于臺灣臺北市北投區──大屯山下結廬書屋──

編 後 記

羅門、蓉子是不需要多介紹的，而這本集子各位學者與評論家的高見，也具現在他們的文章之中，自然不必由我續貂，來個甚麼編後記。未料當我編完這本書後，心中卻興起不少感慨，似乎又可以寫上一筆。

我記得我與羅門是在一九六二年認識的；想一想，已經快四十年了。羅門喜歡跑書店，當時我在一家書店任職，所以很快的我便和羅門、蓉子兩夫妻認識了。我對羅門過人的才華和創作精神都非常佩服，對他印象很深。可惜，自一九七一年起，我離開原來的工作崗位，開始經營自己的出版事業，所以便和羅門失去了聯繫。

就這樣，二十年過去了。直到一九九一年，羅門忽然打電話來商議出版事誼，這就是後來本社所出版的第一本有關羅門、蓉子創作世界的評論專著—《日月的雙軌》。我素來敬佩他們的創作才華以及對詩歌真情執著的精神，當然很樂意出版研究他們夫妻作品的學術論文集，也因這本書我們才得以續緣，從此我開始出版他們伉儷的創作和評論集，其中，最值得紀念的是一九九五年，為了慶祝他們結婚四十週年，我出版了羅門創作大系十冊，也出版了蓉子的《千曲之聲》和蓉子的評論集《永遠的青鳥》。到了今天，本社已經出版他們的作品和對二人的專業研究共二十本了。

從一個出版社的角度看，文史哲能夠有幸替兩位重要詩人服務，自然感到非常光榮。但是每次我伏案編閱的時候，我心中總有一份欣悅的感覺。因為我心裡想到讀者也將和我一樣，可以分享羅門、蓉子的成就，詩壇也將呈現一片美麗的天空。其實，中國現代詩壇出現不過百年，今天能夠產生像羅門伉儷這樣高的文化成績，真是很值得中國人驕傲。

不過，對我個人而言，這二十本書，還是非常不足。稍改李易安的話，

若用二十本書來乘載四十年的交往，自然真像「雙溪」蚱蜢舟，載不動許多「情」。多少個清夜，我們沏清茗而談心，借杜康以解憂；總之，促膝長談，天南地北，主客皆歡。這許多許多又豈是這些書冊所可以盡表的呢！

　　我感到當我一邊編輯這本集子，其實一邊也在編織我和羅門伉儷的情誼。我希望羅門、蓉子不斷創作下去，我亦能一直編下去：編著我們的書，編著我們的情⋯

　　　　　　　　　　彭正雄 民國八十六年九月五日識於臺北